논리적 사고를 키워주는 수학동화

피타고라스 구출작전

글쓴이 김성수
남해의 아주 작은 섬에서 태어나 나룻배를 타고 초등학교와 중학교를 다녔습니다.
목포교육대학을 졸업하고, 35년 동안 교사로 일하고 있습니다. 지금은 광주 두암초등학교에서
학생들을 가르치고 있습니다. 학생들이 수학의 원리나 규칙을 찾느라고 애쓰다가
문제를 풀었을 때 즐거워하는 모습을 보고 이 책을 쓰게 되었습니다.

그린이 최영란
서양화과를 졸업하고 지금은 어린이책에 그림을 그리고 있습니다.
그린 책으로는 《젊은 베르테르의 슬픔》, 《사람은 무엇으로 사는가》, 《알퐁스 도데 작품집》,
《걸리버 여행기》, 《톨스토이 단편집》, 《알리바바와 40인의 도적》, 《라마야나》, 《파랑새》가 있습니다.

지식과 정보가 있는 북오디세이
피타고라스 구출작전

1판 1쇄 인쇄 | 2005. 1. 3.
1판 73쇄 발행 | 2024. 1. 26.

김성수 글 | 최영란 그림

발행처 김영사 | 발행인 박강휘 고세규
등록번호 제 406-2003-036호
등록일자 1979. 5. 17.
주소 경기도 파주시 문발로 197(우:10881)
전화 마케팅부 031-955-3100 | 편집부 031-955-3113~20 | 팩스 031-955-3111

ⓒ 2005 김성수 · 최영란
이 책의 저작권은 저자에게 있습니다.
저자와 출판사의 허락 없이 내용의 일부를 인용하거나 발췌하는 것을 금합니다.

Copyright ⓒ 2005 by KIM SUNG SOO, CHOI YOUNG RAN
All rights reserved including the rights of reproduction in whole or in part in any form.
Printed in KOREA.

값은 표지에 있습니다.
ISBN 978-89-349-1646-8 73800

좋은 독자가 좋은 책을 만듭니다. 김영사는 독자 여러분의 의견에 항상 귀 기울이고 있습니다.
전자우편 book@gimmyoung.com | 홈페이지 www.gimmyoungjr.com

어린이제품 안전특별법에 의한 표시사항
제품명 도서 제조년월일 2024년 1월 26일 제조사명 김영사 주소 10881 경기도 파주시 문발로 197
전화번호 031-955-3100 제조국명 대한민국 ⚠주의 책 모서리에 찍히거나 책장에 베이지 않게 조심하세요.

논리적 사고를 키워주는 수학동화

피타고라스 구출작전

김성수 글 | 최영란 그림

주니어김영사

머리글

수학이 주는 가장 소중한 선물, '생각하는 힘'

나는 초등학교 4학년 때까지 구구단을 외우지 못했습니다. 그리고 셈도 서툴렀어요. 하지만 수학을 싫어하지는 않았던 것 같습니다.

중학교 1학년 때일 거예요. 한 친구가 수학 선생님께 문제를 물었습니다. 선생님께서는 한 시간 내내 그 문제에 매달렸으나 결국 풀지 못하고, '이건 잘못된 문제이다' 라고 말씀하셨지요.

난 그 문제가 어쩌면 풀릴 거라는 생각이 들었어요. 걸어 다니면서, 잠을 이루면서, 심지어는 화장실에서까지 그 문제에 사로잡혀 있었습니다. 그런데 밥을 먹다가 문득 그 문제의 실마리가 떠올랐어요. 난 젓가락을 팽개치고 책상 앞에 앉아 문제를 풀었지요. 그 때부터 수학의 매력에 빠진 것 같습니다.

요즘은 아이들에게 수학을 무턱대고 쉽게 가르쳐 주려고 하지 않습니다. 수학은 적당히 어려운 문제가 재미있으니까요. 어려운 문제라도 정신을 모아 이모저모로 따져 보다가 찾은 작은 실마리에 의해 풀었을 때 느끼는 기쁨은 오랫동안 잊혀지지 않아요.

나는 다만 그들의 눈높이에서 생각하는 방법을 이야기합니다. 어렵고 복잡한 문제를 단순화하여 생각하도록 하거나, 이미 배웠던 학습 내용을 이끌어내게 한다거나, 풀릴 때까지 문제를 끈질기게 생각하도록 도와줍니다. 그러다 보니 수학의 원리를 스스로 찾아 소리 지르며 기뻐하는 아이들이 늘어나는 것을 보고 이 책을 쓰게 되었습니다.

이 책에 나오는 세 아이는 우연히 "TMT"라는 타임머신을 타고 고대 그리스로 날아갑니다. 처음엔 인터넷에서 창의력 문제를 찾아보려고 했던 것인데, 기원전 5세기 고대 그리스에서 살았던 유명한 수학자 피타고라스를 만나게 된 것이지요.

하지만 피타고라스는 누군가에게 쫓기고 있었고, 아이들은 위험에 빠진 피타고라스를 구출하는 일에 휘말려듭니다. 아이들이 위기에 빠질 때마다 수학 문제가 나타나고, 아이들은 문제를 푸느라고 씨름하다가 마침내 해결되었을 때 짜릿한 감동과 기쁨을 맛보지요. 세 아이는 어려운 문제를 원리에 따라 차근차근 끈질기게 풀어 나가는 동안에 앞으로 살아가면서 가장 소중한 재산이 될 생각하는 힘도 길러 갑니다.

자, 이제 여러분도 이 책의 세 아이들과 함께 고대 그리스로 날아가 보세요. 세 아이들과 함께 흥미진진한 수학 문제를 풀어 보세요. 문제가 풀렸을 때 '아자!' 하고 외쳐 보세요.

이 책이 나오기까지 애써 준 주니어김영사 여러분과 동화작가 황혜연 씨, 최은성 씨, 특히 이 책의 첫 원고를 컴퓨터에 입력해 주며 재미있다고 용기를 북돋워 주던 반 아이들에게 고마움을 전합니다.

김성수

차례

머리글
수학이 주는 가장 소중한 선물, '생각하는 힘' • 4

낯선 곳으로 • 9
이상한 컴퓨터 • 17
무거운 구슬을 찾아라! • 28
고대 그리스로 클릭! • 38
갑작스러운 시험 • 44
피타고라스의 학교로 • 59
사면체를 가로챈 세민 • 66
새로운 보금자리 • 78
그리스에서 온 사람들 • 85
고리아스의 덫 • 98
꿈속에 나타난 문제 • 112

또 다른 함정 • 118

시간을 벌어야 해 • 130

사각형 전법으로 맞서다 • 138

셋이 된 피타고라스 • 148

고리아스를 물리치다 • 157

대단한 발견 • 162

다시 찾아온 고리아스 • 169

시합에 진 밀로 • 179

주철아, 위험해! • 185

세민이의 눈물 • 191

다시 연구실로 • 200

낯선 곳으로

시원하면서도 따뜻한 바람이 온몸을 감쌌다.

수정처럼 맑은 사각 화면에서 '20:45:45'라는 붉은 숫자가 또렷이 비치며 지나갔다. 그 순간 몸이 가벼워졌다. 세 아이는 어느 새 하늘을 날고 있었다.

끝도 없는 하늘. 그 아래에는 눈처럼 하얀 구름이 펼쳐져 있었다. 어디선가 들릴 듯 말 듯 아름다운 음악 소리가 크고 작게, 또 가늘고 길게 울려 퍼졌다.

환한 빛과 함께 무지갯빛 터널을 지나면서 거침없이 위로 솟구치기도 하고, 아래로 곤두박질치기도 했다. 온몸이 거센 파도와 바위에 부딪치고, 끝도 보이지 않는 낭떠러지로 떨어졌지만 아이들은 조금도 아프지 않고 오히려 상쾌하기만 했다.

태양이 엷은 안개에 휩싸인 채 지평선 위에 떠올랐다. 아이들은 눈부신 태양을 바라보며 날았다. 얼마 지나지 않아 초록빛 들판이 눈앞에 나타났다. 곧 호수가 보였고, 숲이 우거진 작은 마을이 보였다.

세 아이는 자신들이 마을 위를 맴돌고 있다는 걸 느낄 수 있었다.

그때 갑자기 어마어마한 자석에라도 끌리듯 몸이 아래로 쏠리더니 세 아이는 사뿐히 바닥에 내려앉았다. 그 곳은 처음 보는 낯선 방이었다.

세 아이는 갑자기 벌어진 일에 놀라면서 방안을 살펴보았다. 한 쪽 벽에는 오각형 속에 별이 그려진 그림이 붙어 있고, 구석에는 삼각형, 사각형, 오각형 판자들이 모양대로 나뉘어져 차곡차곡 쌓여 있었다.

세 아이가 어리둥절해하고 있을 때 문이 열리며 금발머리에 코가 우뚝 솟은 서양 남자가 들어섰다. 남자는 교실 가운데 서 있는 세 아이, 혜지, 세민, 주철이를 보고 깜짝 놀라서 뒷걸음질을 쳤다.

"너희는 누구냐? 어디에서 왔느냐?"

혜지, 세민, 주철이는 '너희는 누구냐? 어디에서 왔느냐?'라는 서양 남자의 말을 똑똑히 알아들었다.

남자의 왼쪽 가슴에도 오각형 속에 별 모양이 새겨진 그림이 있었다.

"우리는 대한민국에서 왔어요. 코리아요. 여기가 어디죠?"

세민이가 용기를 내서 물었다.

"코리아? 코리아가 어디지?"

"월드컵 대회를 열고 4강에 든 나라, 코리아 몰라요?"

"월드컵? 그 곳은 어딘데? 어떻게 왔지?"

"아시아요. 우리는 피타고라스를 만나 수학 공부를 하려고 왔어요"

혜지가 차분하게 말했다.

"피타고라스의 제자가 되려고 왔다고?"

남자는 두 눈을 동그랗게 뜨고 어이없다는 듯이 물었다.

"그래요. 피타고라스의 제자가 되려고 왔어요. 여기가 어딘가요?"

"여기는 크로톤(이탈리아 남쪽에 있는 지금의 크로토네)이다."

남자는 성큼 앞으로 나서며 심각한 얼굴로 따라오라고 아이들에게 손짓을 했다.

세 아이는 남자를 따라 오각형 속에 별 모양이 조각된 커다란 문 앞으로 갔다. 문을 밀고 안으로 들어가자 방 안에는 곱슬머리에 얼굴은 하얗고 턱수염을 기른 남자가 앉아 있었다.

곱슬머리 남자도 세 아이를 보자마자 놀라는 얼굴이었다.

"보스 선생님, 이 아이들은 다이몬의 제자가 되려고 아시아에서 왔다고 합니다. 어떻게 할까요?"

"아시아에서 왔다고?"

보스라는 남자는 두 눈을 동그랗게 뜨고 세 아이를 번갈아 쳐다보다가 앞에 나서 있는 세민이에게 물었다.

"아시아에서 어떻게 왔지?"

세민이가 막 입을 열려고 하는데 혜지가 나섰다.

"배를 타고 왔습니다. 아주 오래 걸렸어요."

세민이와 주철이는 혜지의 대답에 조금 어리둥절한 얼굴이었지만, 약속이나 한 듯 잠자코 있었다.

혜지는 지금 너무 놀라서 어떻게 해야 할지 몰랐다.

컴퓨터의 가상 공간 속에서 고대 그리스나 구경하고, 피타고라스가 수학을 얼마나 잘했는지 보려고 했다. 그런데 정말 고대 그리스로 오리라고는 꿈에도 생각하지 못했던 것이다. 그렇다고 이 사람들에게 TMT를 타고 왔다는 걸 이야기하면 믿지 않을 것이 뻔했다.

보스가 혜지에게 다시 물었다.

"아시아에서 피타고라스의 제자가 되려고 왔다고?"

혜지가 고개를 끄덕였다.

보스는 세 아이를 데리고 들어왔던 남자와 함께 옆방으로 나갔다.

"우리, 진짜 고대 그리스에 온 거야?"

지금까지 말이 없던 주철이가 입을 열었다.

"와, 정말 우리가 고대 그리스로 온 거란 말이지. 그런데 돌아갈 수는 있을까?"

흥분을 감추지 못하며 세민이가 혜지에게 물었다.

혜지도 알 수가 없었다. 혜지는 조금 두렵기는 했지만 그 동안 부모님이 힘들여 만든 TMT를 타고 고대 그리스에 온 것이 신기하기만 했다.

그때 옆방으로 갔던 두 사람이 나왔다.

보스가 세 아이에게 따라오라는 손짓을 했다. 잠시 머뭇거리던 세 아이는 보스를 따라 밖으로 나갔다.

밖에는 회색 말 두 마리가 끄는 마차가 기다리고 있었다. 마차는 나무로 된 큰 바퀴를 달고 있었다.

보스가 먼저 마차에 올라타고는 세 아이가 타기를 기다렸다. 혜지가 조금도 주저하지 않고 마차에 발을 올리자 주철이가 혜지를 도와주며 뒤따라 올라갔다. 사방을 두리번거리던 세민이도 올라탔다.

보스가 의자 밑에서 검정 두건을 꺼내어 세민이부터 차례로 머리에 뒤집어 씌웠다.

"밖을 보면 안 돼! 얌전히 앉아 있어!"

보스는 차갑게 명령했다.

여태 들떠 있던 세민이는 눈이 가려지자 겁이 더럭 났다.

　마차는 덜커덩거리며 힘껏 달렸다. 30분쯤 달렸을까 마차가 멈추자 검정 두건이 벗겨졌다.
　세민이가 바라보니 혜지와 주철이도 낯빛이 어두워 보였다.
　세 아이 앞에는 성처럼 돌로 잘 다듬어진 커다란 집이 보였다. 보스는 아이들을 데리고 집 안으로 들어갔다.
　보스는 집 한쪽에 있는 문을 열고는 들어가라는 손짓을 했다. 그 안으로는 지하로 이어지는 계단이 보였다. 세 아이는 똑같이 뒷걸음질쳤다.
　혜지가 떨리는 목소리로 보스에게 물었다.
　"우리를 왜 이런 곳으로 데리고 온 건가요?"
　"너희 셋은 다이몬의 제자가 되겠다고 하지 않았느냐?"

보스는 아이들에게 되묻더니 아이들을 지하로 밀고는 밖으로 문을 닫아걸었다.

"여기가 어딜까? 우리를 어떻게 하려고 이럴까?"

세민이 말소리가 떨리고 있었다.

혜지가 더듬거려서 세민이의 손을 잡았다. 세민이의 손은 차가웠고, 몸은 와들와들 떨고 있었다.

"무서워?"

"응, 무섭기도 하고 너무 추워. 이게 뭐야! 주철이가 문제를 푸는 바람에 이렇게 고생을 하잖아!"

세민이는 갑자기 주철이를 탓했다.

"아니야, 우리 모두 그 문제를 풀려고 노력했잖아. 주철이를 탓하지 마."

혜지는 세민이를 달랬다. 그러자 이번에는 혜지에게 따졌다.

"어떻게 된 거야? 컴퓨터에서는 분명히 아홉 시간이라고 했잖아! 지금은 열 시간도 넘었을 거야."

"맞아. 우리가 TMT를 탈 때는 분명히 20시 45분 45초였어. 오늘 새벽 5시 45분에는 연구실에 있어야 할 텐데."

주철이의 말을 듣고 보니 그랬다. 아홉 시간만 여행을 할 수 있다고 '해피'가 분명히 말했다. 그러나 혜지는 부모님이 만든 TMT가 잘못되었다고는 생각되지 않았다.

혜지는 목소리에 힘을 주어 말했다.

"이제 어쩔 수 없잖아. 앞으로 우리가 어떻게 할지나 생각해 보자."

세민이는 화가 풀리지 않은지 거칠게 물었다.

"뭘 어떻게 하자는 거야?"

"앞으로 여기 사람들에게 말을 할 때는 우리가 사는 세상 이야기를 함부로 꺼내서는 안 될 것 같아. 이 사람들은 우리가 하는 말을 믿지 못할 거야. 잘못하면 우리가 이상한 아이들로 여겨져서 이곳에 영영 갇힐지도 몰라."

그때 발자국 소리와 함께 지하 문이 열렸다. 밝은 빛이 갑자기 쏟아져 들어오자 아이들은 눈이 부셔 고개를 들지 못했다.

이상한 컴퓨터

수업이 끝날 무렵, 선생님이 창의력 문제를 하나 내 주었다.
"자, 돈을 더 놓지 않고 가로 700원, 세로 700원이 되게 만들어 봐!"
아이들은 선생님이 칠판에 그려 놓은 그림을 쳐다보며 골똘히 생각했다.
가로 500원, 세로 500원이 어떻게 가로 700원, 세로 700원이 될 수 있을까?
"선생님, 힌트를 좀 주세요! 아무리 생각해도 모르겠어요."
아이들이 선생님을 졸랐다. 그러나 한 번 다문 선생님의 입은 도무지 열릴 줄을 몰랐다.
아이들이 모두 집으로 돌아가고 난 뒤, 교실에는 혜지, 세민,

그리고 주철이만 남았다. 혜지가 동전을 책상 위에 세로로 놓으며 주철이에게 물었다.

"어떻게 옮겨야 할까?"

"글쎄, 돈을 더 놓지 않고 700원을 만들 수 있을까?"

"컴퓨터에서 찾아보면 어떨까?"

혜지가 우물쭈물하고 있는 주철이에게 물었다.

"맞아! 인터넷에서 찾아보자!"

세민이가 맞장구치자 혜지는 동전을 챙기며 주철이에게 물었다.

"주철아, 우리 집에서 이 문제도 찾아보고 숙제도 하면서 놀지 않을래?"

"주철이도 데리고 가려고?"

세민이가 금세 못마땅한 얼굴이 되어 혜지에게 물었다.

"그래, 셋이서 하면 더 재미있잖아."

혜지와 세민이는 이미 약속이 된 모양이었다. 말이 적고 수줍음을 타는 주철이가 혜지의 말에 고개를 가만히 끄덕였다.

혜지는 집에 혼자 있을 때가 많았다. 오늘도 혜지 부모님은 사흘 동안 열리는 세미나 때문에 서울에 갔다.

혜지는 집에 다 가서야 자신에게 열쇠가 없다는 게 생각났다. 관리실에 물어보았지만 부모님이 맡기지 않았다고 했다. 혜지는 어떻게 할까 망설이다가 부모님의 연구실에 가 보기로 했다. 혜지 엄마는 열쇠를 연구실에 놓고 올 때가 많았다.

연구실에 있는 엄마 책상 서랍엔 열쇠가 없었다. 옆방에 있는 아빠 연구실로 들어갔다.

혜지는 아빠가 몰래 넣어 두는 책꽂이 구석 자리에서 열쇠 꾸러미와 카드 키 한 장을 찾아냈다. 꾸러미에는 아파트 열쇠가 없었다. 혜지는 열쇠들 속에서 '기계실'이라고 씌어진 열쇠를 찾아냈다.

"기계실에 한번 들어가 볼까? 나도 아직 안 들어가 봤는데, 거기에도 아빠 책상이 있는 것 같았어."

혜지는 연구실 한 쪽 벽에 난 문 앞으로 가서 열쇠로 문을 열

었다.

"저건 뭐야? 엘리베이터잖아?"

기계실 문을 열자마자 세민이가 호기심이 가득한 목소리로 외쳤다.

기계실 한쪽에 정말 엘리베이터가 보였다. 엘리베이터 문은 유리로 되어 있는데 안은 보이지 않았다. 문 위에는 'TMT' 라는 푯말이 붙어 있었다.

세민이가 엘리베이터 문을 밀었다. 문은 열리지 않았다.

"혜지야, 이곳에 카드를 대어 볼래?"

문 왼쪽에 네모난 홈이 패어 있었다. 혜지가 가지고 있던 카드 키를 홈에 대자 문이 스르르 열렸다.

"어서 오세요. 연구는 즐겁고 신나게. TMT는 소중하게."

기계 소리와 함께 불이 켜졌다.

세 아이는 숨을 죽이고 한동안 TMT 안을 둘러보았다.

가장 먼저 눈에 들어온 것은 커다란 모니터를 갖춘 컴퓨터였다. 벽과 천장에는 수많은 기계와 계기판이 붙어 있었다. 그것들은 모두 중앙 컴퓨터로 연결되어 있었다.

"와! 처음 보는 컴퓨턴데! 여기서 그 문제를 찾아보자."

세민이가 어느 새 TMT 안으로 들어가 컴퓨터를 켜고 있었다. 혜지와 주철이도 머뭇머뭇하면서 TMT 안으로 발을 내딛었다.

"비밀 번호를 입력하세요."

컴퓨터에서 말소리가 나더니 TMT 문이 저절로 닫혔다.

"혜지야, 비밀 번호 좀 가르쳐 줘."

혜지는 잠시 생각하다가 집 전화번호를 불러 주었다. 세민이가 번호를 입력하고 엔터를 쳤다.

"잘못된 비밀 번호입니다. 다시 입력하세요."

혜지의 머릿속에 엄마와 아빠의 이야기가 문득 떠올랐다.

혜지의 생일이었다. 아빠가 혜지에게 선물을 건네며 물었다.

"우리 혜지, 이제 몇 살이지?"

"아빠는……. 그것도 몰라요?"

"아빠가 몰라서 묻겠니. 그런 넌 아빠 나이를 알고 있어?"

엄마가 끼어들었다.

"엄마와 아빠는 동갑내기잖아요."

"그래, 올해는 네 나이가 아빠 나이의 4분의 1이 되는 해야."

"그럼, 우리 셋의 나이의 합이 '99'가 되었단 말이야?"

아빠의 말에 혜지는 99에서 자신의 나이 11을 빼고 2로 나누었더니, 아빠와 엄마의 나이는 44가 되었다.

아빠가 케이크에 꽂혀 있는 초에 불을 붙이며 말했다.

"99는 100에서 하나가 부족한데, 이 날을 오래 기억할 수 있는 방법은 없을까?"

"좋아요. 우리 셋의 나이를 합친 걸 TMT 비밀 번호로 하면 어떨까요?"

아빠는 엄마의 말을 듣고 웃음을 가득 담은 얼굴로 중얼거렸다.
"구구? 구구라……. 비둘기가 우는 소리네."

"그래, 비둘기를 쳐 봐!"
세민이는 혜지가 불러 준 '비둘기'를 입력했다.
"잠시만 기다려 주세요. 지금 TMT 테스트 버전 8235에 접속 중입니다."
"야호!"
세민이가 신이 나서 두 팔을 높이 쳐들었다.
화면이 바뀌며 다시 소리가 났다.
"가고 싶은 나라를 선택하세요."
화면에 수많은 나라 이름이 죽 떠올랐다.
"어느 나라로 할까?"
"그리스가 어때? 신화에 나오는 신전도 구경할 겸."
"그리스……? 좋아."
세민이는 혜지의 말을 듣고 그리스를 클릭했다.
"어느 나라 말을 선택하겠습니까?"
화면에는 한국어를 비롯한 여러 나라 말이 나와 있었다. 세민이가 한국어를 클릭했다. 메뉴가 바뀌더니 또 다른 메시지가 나왔다.

"왜 그리스를 여행하려고 하나요?"

세 아이는 아까 선생님이 내 준 문제도 풀고 수학 숙제도 해야 하므로 '수학 공부를 위해'라고 쳤다.

"그리스 여행에 걸리는 시간은 아홉 시간입니다. 계속하겠습니까?"

세민이가 '예'를 클릭하려고 하는데 주철이가 말렸다.

"난 안 돼. 여섯 시에 태권도장에 가야 돼."

"갈 테면 가."

세민이는 모니터 화면에 눈을 붙인 채 건성으로 말했다.

사실 혜지도 이모가 여섯 시에 집으로 오기로 되어 있었다. 하지만 세민이는 주철이나 혜지에게 아랑곳하지 않고 어느 새 '예'를 클릭하고 있었다.

"그리스에서 수학을 가르치는 선생님은 탈레스, 피타고라스, 소크라테스, 아리스토텔레스, 플라톤, 유클리드, 아르키메데스가 있습니다. 누구를 선생님으로 하겠습니까?"

"피타고라스가 어때? 선생님이 피타고라스, 피타고라스 하시잖아. 피타고라스가 얼마나 수학을 잘 했는지 궁금해."

"좋아! 피타고라스로 하자."

혜지의 말에 세민이가 피타고라스를 클릭했다.

"피타고라스 제자가 되려면 시험을 봐야 합니다. 다음 문제의 답을 입력하세요."

아래 그림과 같이 모양과 무게가 같은 구슬 25개가 있습니다. 이 구슬 중에 한 개의 무게가 0.1그램 더 무겁습니다. 양팔 저울을 가장 적게 써서 0.1그램 더 무거운 구슬 한 개를 찾는 방법을 입력하세요.

사용 횟수 - ( )회, 찾는 방법 - ( )

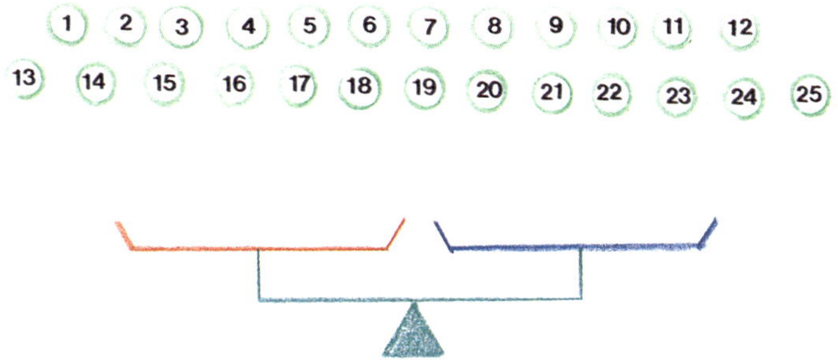

① ② ③ ④ ⑤ ⑥ ⑦ ⑧ ⑨ ⑩ ⑪ ⑫
⑬ ⑭ ⑮ ⑯ ⑰ ⑱ ⑲ ⑳ ㉑ ㉒ ㉓ ㉔ ㉕

 세민이가 화면에 나타난 양팔 저울에 ①번과 ②번 구슬을 한 개씩 올려 보았다. 무게는 같았다. 다시 ③번과 ④번을 올려놓았는데, 역시 무게는 같았다. 차례대로 ㉔번 구슬까지 저울에 올렸으나 무거운 구슬을 찾을 수가 없었다.
 마지막 남은 ㉕번과 ①번 구슬을 저울에 올리려는데 구슬이 움직이지 않았다. 세민이가 다시 구슬을 클릭했다.
 "프로그램에 에러가 발생할 수 있습니다. 그래도 계속하겠습니까?"

"안 돼! 이제 그만 끝내자."

혜지는 세민이의 손목을 잡았다.

혜지 부모님은 벌써 4년째 TMT를 연구하고 있었다.

TMT는 'Time Machine Teaching' 이라는 영어에서 앞 글자를 하나씩 따 온 것으로, 타임머신을 타고 여행을 하면서 공부하는 프로그램이다.

컴퓨터가 완전히 꺼진 것을 보고 세 아이는 기계실 서랍에서 집 열쇠를 찾아 혜지네 집으로 갔다.

무거운 구슬을 찾아라!

"넌 몇 번이라고 생각하니?"

혜지 집에 도착하자 세민이가 주철이에게 떠보듯이 물었다.

"글쎄……. 양팔 저울을 놓고 해 보아야 알 것 같은데."

"그것도 모르면 진짜 바보이게."

세민이는 퉁명스럽게 주철이에게 쏘아붙였다.

"주철이 말이 맞아. 양팔 저울로 실험하면 답을 찾을 수 있을 거야."

혜지가 고개를 끄떡이며 방 안을 살펴보았다.

"그런데 집에 양팔 저울이 없어. 어떻게 하지?"

"만들지 뭐."

주철이가 두리번거리더니 다용도실에서 빨래판을 찾아왔다.

세민이가 어이가 없다는 듯이 말했다.

"야! 그걸로 어떻게 양팔 저울을 만들 수 있니?"

주철이는 말없이 가방에서 네모난 필통을 꺼내 빨래판 밑에 받쳤다.

"이렇게 하면 양팔 저울이 될 수 있는데……."

"그래, 주철이 생각이 맞아. 구슬을 무게로 찾는다면 아주 정밀한 양팔 저울과 구슬이 있어야 해. 하지만 수학 원리를 찾는 것이라면 이 방법도 괜찮을 것 같아."

혜지가 주철이를 거들고 나섰다.

"너희 바보니? 이렇게 해 가지고 어떻게 0.01그램 더 무거운 구슬을 찾겠어!"

세민이가 쏘아붙였다. 혜지는 세민이의 말을 못 들은 척하고 주철이에게 물었다.

"그럼 구슬은 어떻게 하지?"

주철이는 쌀통에서 쌀을 한 주먹 쥐어 오더니 빨래판 한 쪽에 열두 개를 세어 놓았다.

"야! 열두 개를 올려놓아도 빨래판은 전혀 기울지 않잖아!"

세민이가 한심하다는 듯이 이제는 아예 소리를 질렀다.

주철이는 다시 쌀 열두 개를 세어 빨래판의 또 다른 쪽에 올려놓았다.

"빨래판 양쪽에 쌀 열두 개씩 놓아 수평이 되면, 이 남은 하나

가 무겁겠지?"

주철이가 들릴락 말락 우물거렸다.

"맞아! 그렇겠다."

그때 전화벨이 울렸다. 혜지가 전화를 받더니 곧 끊고, 세민이와 주철이에게 말했다.

"이모가 조금 늦는대."

"난 가 봐야겠어. 태권도장에 가야 해."

주철이가 책가방을 들었다.

"주철아, 너 태권도 끝나고 다시 올래? 이 문제 풀고 숙제도 같이 하자."

혜지가 따라 일어서며 말했다.

주철이는 조금 망설이다가 말했다.

"그래. 태권도 끝나면 올게."

주철이는 태권도장으로 걸어가면서도 내내 구슬 문제만 생각했다. 주철이는 멈춰 서서 땅바닥에 그림을 그려 보았다.

'열두 개씩 양쪽에 올려놓는다. 수평을 이루면 남은 한 개가 무거운 거다. 저울이 기울면, 기운 쪽 열두 개 속에 무거운 게 들어 있을 것이다. 기운 쪽 구슬 열두 개를 여섯 개씩 양쪽에 올려놓는다. 다시 저울이 기울면, 기운 쪽 여섯 개를 세 개씩 양쪽에 놓는다. 또 다시 기운 쪽을 찾는다. 마지막에 한 개씩을 올리면 찾을 수 있지.'

네 번이 틀림없었다. 네 번 만에 찾을 수 있다.

"야! 찾았다."

주철이는 신이 나서 '아자!'를 외치며 태권도장으로 뛰어갔다. 벌써 아이들은 도복을 입고 준비 운동을 하고 있었다. 주철이도 사물함에서 도복을 꺼내 입고 아이들 사이에 끼었다.

그러나 자꾸 구슬 문제가 떠올라 운동에 집중할 수 없었다.

'네 번이 아니라 세 번이나 두 번으로 찾을 수 있는 방법은 없을까?'

주철이는 구슬 문제에 정신을 빼앗기고 있어서 닭싸움을 하기로 한 것도 듣지 못했다. 사범 선생님은 준비 운동이 끝나면 발의 근력을 키워 주려고 닭싸움을 시켰다. 오늘도 세 편으로 나누어 닭싸움을 하기로 했다. 아이들이 서로 주철이와 같은 편이 되려고 다투고 있을 때에야 주철이는 정신을 차렸다.

"안 돼! 아홉 사람씩 세 편으로 나누어야 하는데 이렇게 여럿이 한 편으로 몰리면 어떻게 시합을 해. 더구나 주철이 편이 이렇게 많으면."

사범 선생님은 힘이 약한 아이 여덟 명을 주철이와 한 편이 되게 하고, 나머지 열여덟 명을 두 편으로 나누었다.

주철이가 아무리 힘이 세고 운동을 잘 한다고 해도 나머지 두 편에 비해 너무 약했다. 주철이와 한 편인 키가 가장 작은 준호가 투덜거렸다.

"사범님, 진경이를 남자로 바꾸어 주세요. 우리 편이 너무 약해요."

"너희 아홉씩 몸무게를 달면 거의 비슷할 것 같은데."

사범 선생님의 말을 들은 순간 주철이의 머리에 번뜩 스치는 것이 있었다.

'아홉 개씩……. 그래! 바로 그거야!'

"사범님, 제가 지금 갈 데가 있어요. 아주 중요한 일이에요."

주철이는 이렇게 외치고 도복을 걸친 채 쏜살같이 밖으로 뛰쳐나갔다. 아이들이 따라 나와 불렀으나 주철이는 이미 사라진 뒤였다.

주철이가 태권도장에 간 뒤, 혜지와 세민이는 문구점에서 모형 양팔 저울과 구슬 25개를 사 왔다. 구슬을 열 개씩 올려놓아도 네 번이면 무거운 구슬을 찾을 수 있었다.

그때 주철이가 뛰어 들어왔다.

"알았다. 알았어! 세 번이야. 세 번!"

주철이는 혜지와 세민이가 사 온 구슬과 양팔 저울을 앞에 놓고 설명했다. 주철이는 구슬을 아홉 개씩 양쪽 저울에 올렸다.

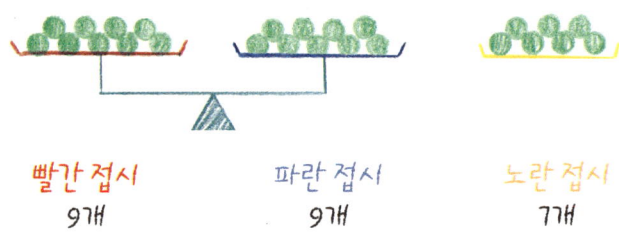

빨간 접시   파란 접시   노란 접시
9개   9개   7개

"빨간 접시와 파란 접시가 수평을 이루면, 0.01그램 더 무거운 구슬은 노란 접시에 있는 구슬 일곱 개 속에 있어."

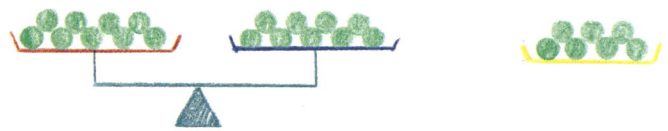

저울이 기울면,   저울이 수평일 때,
기운 쪽에 무거운 구슬이 있음   이곳에 무거운 구슬이 있음

"만약 빨간 접시 쪽으로 기울면, 빨간 접시에 놓인 구슬 아홉 개 속에 무거운 구슬이 있겠지?"

"응, 그렇겠다."

혜지가 주철이 말에 맞장구를 쳤다.

"기운 쪽의 구슬 아홉 개를 세 개씩 양쪽 접시에 올려놓고, 남은 세 개는 노란 접시에 놓으면."

저울이 기울면, 기운 쪽에 무거운 구슬이 있음

저울이 수평일 때, 이곳에 무거운 구슬이 있음

"기울면 기운 쪽에 있고, 수평을 이룬다면 노란 접시에 놓인 세 개 속에 무거운 구슬이 있겠지?"

"응. 그래."

"무거운 구슬이 들어 있는 세 개를 한 개씩 양쪽에 올려놓는 거야."

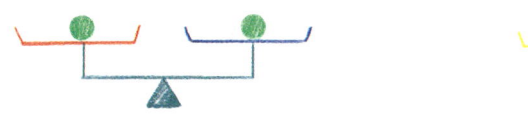

"기울면 기운 쪽에 있는 구슬이, 수평이면 노란 접시에 있는 구슬이 0.01그램 더 무거운 거야."

"와! 맞다, 맞아! 그렇구나."

혜지는 손뼉을 쳤다.

듣고만 있던 세민이가 퉁명스럽게 물었다.

"야! 처음에 아홉 개씩 올렸을 때, 저울이 수평이면 어떻게 찾겠어? 그것도 말해야지."

"그것은 더 쉬워. 두 가지 방법이 있어. 먼저 노란 접시에 있는 일곱 개를 양쪽에 세 개씩 올리고 남은 한 개는 노란 접시에 놓는 거야."

주철이가 부지런히 구슬을 옮겼다.

저울이 기울면,
기운 쪽에 무거운 구슬이 있음

저울이 수평일 때,
이 구슬이 무거운 것임

"빨간 접시와 파란 접시가 수평을 이루면, 노란 접시에 놓인 구슬 한 개가 무거운 것이야. 접시가 기울면, 기운 쪽의 구슬 세 개를 한 개씩을 올려놓는 거야."

"그럼 다른 방법 하나는 뭐야?"

"처음 아홉 개씩 달았을 때, 양쪽이 수평이면 열여덟 개 속에는 무거운 구슬이 없겠지? 그 중에서 두 개를 일곱 개와 합해서 세 개씩 올린 다음에 찾는 거야. 그래도 저울은 세 번만 썼지?"

세민이는 자존심이 상했지만 주철이의 계산 방법에 따를 수밖에 없었다. 더군다나 혜지 앞에서 당당하게 설명하는 주철이를 보고, '너 어디에서 누구에게 배워 왔니?' 하고 물어 볼 수도 없었다.

세민이는 이 상황을 어서 벗어나고 싶었다.

"빨리 가자. 고대 그리스로 말이야."

"음……, 그래. 가자."

혜지도 세민이를 따라 일어섰으나 조금 망설여졌다.

부모님의 허락도 없이 TMT를 타는 것도 꺼림칙했지만, TMT를 탔다가 잘못되기라도 하면 큰일이었다. 그렇다고 이제 와서 세민이와 주철이에게 안 된다고 할 수도 없었다.

하지만 마음 한편에서는 TMT가 몹시 궁금했다. 또 세민이가 컴퓨터를 잘 다루니까 괜찮을 거라는 생각도 들었다.

고대 그리스로 클릭!

어느 새 밖은 어둑어둑해지고 있었다.

주철이는 조금 추웠지만 도복을 잘 여며 입고 검은 띠를 다시 한번 동여맨 다음 혜지와 세민이의 뒤를 따랐다. 관리 아저씨가 묵직한 열쇠 꾸러미를 들고 문을 잠그고 있었다.

"아저씨, 아빠 연구실에 볼일이 있어서 왔는데 들어가도 되지요?"

"오! 혜지구나. 우리 꼬마 아가씨가 오늘은 무슨 일이 있기에 두 번씩이나 여길 오고. 이 시간에 무슨 볼일이 있니?"

"아빠 컴퓨터에서 수학 문제 하나만 풀어 보면 되거든요."

"20분이면 되겠니?"

"예! 고맙습니다."

세 아이는 연구실로 뛰어 들어갔다.

혜지는 재빨리 책꽂이 구석에서 열쇠와 카드 키를 꺼내 기계실로 들어가 TMT 문을 열었다.

"어서 오세요. 연구는 즐겁고 신나게. TMT는 소중하게."

기계 소리와 함께 불이 켜졌다.

세민이는 낮에 했던 대로 비밀 번호를 입력했다.

"가고 싶은 나라를 선택하세요."

세민이가 혜지를 돌아보고 물었다.

"그리스가 좋겠지? 낮에 했던 것처럼 피타고라스로 할까?"

"그래. 다른 곳을 선택하면 또 새로운 문제를 풀어야 할지도 몰라."

세민이는 그리스와 피타고라스를 클릭하고 엔터를 쳤다. 그러자 낮에 나왔던 구슬 문제가 나타났다. 세민이가 답을 입력하고 다시 엔터를 쳤다.

"잘했습니다. 접속자는 피타고라스의 제자가 될 수 있습니다. 여기에 나오는 자료는 사실과 다를 수 있습니다. 또 여러분의 여행을 즐겁게 하기 위해 꾸미기도 했습니다. 그래도 여행을 하겠습니까?"

세민이가 '예'를 클릭했다.

"지금부터 접속자의 잘못으로 일어날 수 있는 어떤 불행한 일에도 '해피'는 책임지지 않습니다. 인정합니까?"

이 메시지를 보자 세민이는 겁이 덜컥 났다.

'무엇인가 잘못되어 영화에서처럼 고대 그리스로 타임머신을 타고 간다면 어떻게 될까? 그리고 영영 다시 돌아올 수 없다면……'

세민이는 잠시 망설였다. 그런데 혜지는 '해피'라는 말을 듣고 기쁨을 감추지 못했다. '해피'는 집에서 부모님이 부르는 혜지의 또 다른 이름이었다. 엄마와 아빠는 혜지가 이 세상에서 자신들을 가장 행복하게 해 준다고 '해피'라고 불렀다.

혜지는 부모님이 연구한 TMT로 고대 그리스에 가고 싶었다.

"너희들 겁나면 그만 둬! 나 혼자라도 가 볼 테니까."

"혜지가 간다면 나도 갈 거야. 세민이 너는 어떻게 할 거야?"

주철이가 세민에게 물었다.

"야! 내가 언제 안 간다고 했니? 너보다는 내가 용기가 더 많다고."

세민이가 '예'에 클릭을 했다.

"접속자가 여행할 수 있는 시간은 아홉 시간입니다. 약속된 시간이 되면 손바닥에서 신호음이 나고 문자 메시지가 나타납니다. 메시지에 따르겠습니까?"

세민이는 '예'를 클릭했다.

"두 손을 화면에 올려놓고 잠시 기다리세요."

세민이가 혜지를 바라보며 어떻게 할지 눈으로 물었다. 혜지가 세민이를 밀어냈다.

"내가 먼저 할게."

혜지가 두 손을 화면에 대려고 했다.

"아니야, 내가 먼저 할게."

세민이가 어느 새 화면에 손을 댔다. 세민이 손이 갑자기 빨갛게 되었다. 옆에서 보고 있던 혜지와 주철이가 깜짝 놀라 세민이 손을 화면에서 떼어 놓으려고 했다. 그러나 세민이의 손은 꼼짝도 안 했다. 손이 화면에 붙어 버린 것이다. 세민이도 겁에 질려 몸부림을 쳤다.

"엄마! 안 돼! 이러면 안 돼!"

세민이의 얼굴과 눈동자, 머리카락까지 붉어졌다. 세민이는 이제 가슴이 답답해지면서 말조차 안 나왔다. 그러더니 곧 붉게 물들었던 손과 얼굴, 눈동자, 그리고 머리카락이 원래대로 돌아왔다. 손도 화면에서 떨어졌다.

세민이가 손바닥을 들여다보다가 깜짝 놀랐다. 손바닥에는 '무의식화 상태 가능' 이라는 문자가 또렷이 나타났다가 사라진 것이다.

"아팠니?"

혜지가 세민이 손을 잡으며 물었다.

"손은 아프지 않았는데 가슴이 답답하고 머리가 지끈거렸어."

"좋아. 이번에는 내가 할게."

혜저가 천천히 두 손을 화면에 대었다. 혜지도 처음엔 손만 빨갛게 변하다가 얼굴과 온몸이 붉게 변했다. 혜지 손바닥에도 '무의식화 상태 가능' 이라는 글자가 나타났다 사라졌다.

주철이를 끝으로 세 아이 모두 '무의식화 상태 가능' 이라는 실험을 끝냈다.

"접속자의 의식을 살펴본 결과, 아홉 시간 동안 즐거운 여행을 할 수 있을 것으로 보입니다. 아홉 시간이 흐른 뒤에 접속자의 손바닥에는 신호음과 함께 메시지가 나타납니다. 접속자는 메시지에 따라야 합니다. 꼭 지키겠습니까?"

세민이가 '예'를 클릭했다.

"눈을 감고 고대 그리스를 머리 속에 떠올리세요. 즐거운 여행이 되기를 바랍니다."

그때 천장으로부터 붉은 빛이 둥글게 내리비쳤다. 세 아이는 붉은 빛에 휩싸였다. 붉은 빛은 점점 오렌지 빛으로 바뀌더니 눈 깜짝할 사이에 아이들과 함께 사라졌다.

갑작스러운 시험

지하 문을 연 사람은 보스였다. 아이들은 보스를 따라 2층으로 올라갔다. 햇빛이 잘 드는 넓은 방이었다.

방 한쪽엔 베일이 쳐져 있었고, 가운데엔 작은 책상과 의자가 몇 개씩 있었다. 책상 위에는 나무로 만든 컴퍼스와 넓적한 막대기가 하나씩 놓여 있었다.

보스가 아이들에게 의자에 앉으라고 했다. 곧이어 베일 뒤에서 위엄 있고 우렁찬 목소리가 들렸다.

"그대들은 어디에서 왔는가?"

세 아이가 서로 얼굴만 보고 머뭇거리자 보스가 다그쳤다.

"지금 다이몬께서 물으신다. 어서 대답해!"

혜지가 자리에서 일어서서 대답했다.

"아시아에 있는 코리아라는 나라에서 왔습니다."

"무엇 때문에 이곳에 왔는가?"

"그리스에서 피타고라스를 만나 수학을 공부하려고 왔습니다."

"보스 선생님, 이 아이들에게 문제를 주세요."

"예, 스승님."

보스는 베일을 향해 허리를 굽히며 공손히 대답했다.

보스는 곧 거칠고 두꺼운 종이를 아이들에게 한 장씩 나누어 주었다. 종이에는 세 개의 선분이 그려져 있었다.

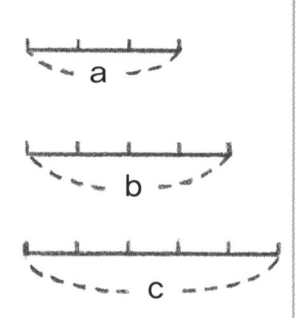

컴퍼스와 막대자로 주어진 세 선분의 길이와 똑같은 삼각형을 그리고, 그 삼각형의 각 변의 길이를 한 변으로 하는 정사각형을 그려 그 넓이의 관계를 등식으로 나타내어 볼지어다.

"그대들이 내 제자가 되려고 한다면 수학을 얼마나 잘 하는지 알아보아야겠다. 지금부터 자와 컴퍼스로 세 선분의 길이와 똑같은 삼각형을 그리고, 그 삼각형의 각 변에 의한 정사각형을 그려 가장 큰 정사각형과 작은 두 개의 정사각형 사이의 넓이 관계를 밝혀내라!"

길이를 똑같이 그리려면 '눈금자'가 있어야 했다. 막대자는 눈금이 없는 직선만을 그릴 수 있는 자였다. 세 아이는 어떻게 해야 할지 몰라 서로 얼굴만 쳐다보았다. 생각다 못한 혜지가 일어섰다.

"보스 선생님, 선분의 길이를 재려면 눈금이 있는 자가 있어야 되는 것 아닙니까? 눈금이 있는 자를 주세요."

"눈금 있는 자가 무슨 소용이 있는가? 선분의 길이는 컴퍼스만 있으면 잴 수 있는걸."

"선분의 길이를 어떻게 컴퍼스로 잴 수 있습니까? 도저히……."

"누가 선분의 길이를 재라고 하던가? 선분의 길이와 같게 컴퍼스로 그리라고 했지."

보스에게 물었으나 베일 뒤에서 대답하고 나섰다. 그러나 생각하기 힘들기는 마찬가지였다. 세 아이 모두 '컴퍼스와 눈금 없는 자로 선분의 길이와 같게 삼각형을 그린다'는 말을 듣고 망설이고 있는데, 다시 우렁찬 목소리가 들렸다.

"삼각형을 그려, 그 삼각형의 각 변을 한 변으로 하는 정사각형의 넓이의 관계를 등식으로 나타내면 제자로 받아들이겠다."

세민이가 곧 시험지에 선분 하나를 그렸다. 그 다음 컴퍼스로 선분 a의 길이를 재어 새로 그린 선분의 끝점에 대고 원을 그렸다. 그것을 보고 있던 혜지도 세민이와 같이 그리기 시작했다.

주철이도 하나의 선분을 자로 그리고 원도 그렸다. 그리고 선분 b를 자에 표시하여 새로 그린 선분의 끝점에 대고 약간 벌려 그렸다. 그러나 그 다음이 문제였다. 선분 c를 자에 표시하여 선분 a와 b사이를 잇는데 선분의 길이가 짧았다. 주철이가 여러 번 고쳐 그리고 있을 때, 세민이가 다 그렸다고 일어섰다. 곧이어 혜지도 일어났다.

"네 이름은?"

"세민이라고 합니다."

"세 개의 선분의 길이를 컴퍼스로 재어 삼각형을 그렸고, 특히 삼각형의 세 변을 각각 한 변으로 하는 정사각형을 그려 그 넓이를 등식으로 나타낸 것은 무척 잘 했어. 그럼, 네 이름은?"

"예, 혜지라고 합니다."

"삼각형은 잘 그렸지만, 삼각형의 세 변의 관계를 좀더 확실히 나타내야 하겠어. 보스 선생님, 이 두 아이를 학교로 데리고 가세요."

보스는 세민이와 혜지를 데리고 밖으로 나갔다. 혜지는 몇 번이나 주철이를 뒤돌아보았다. 주철이는 세민이와 혜지가 나가자 손에서 식은땀이 나고, 머리 속이 텅 비는 것 같았다. 이래 가지고는 도저히 문제를 풀 수 없을 것 같았다.

'주철아, 정신 차려! 여기서 주저앉으면 안 돼! 이걸 풀고 나가야 혜지와 세민이와 집에 갈 방법을 생각할 것 아냐!'

주철이는 자기 자신을 타일렀다. 그러고 나니 두근거리던 가슴이 조금 가라앉았다. 차갑던 손도 따뜻해지고, 흐릿했던 눈도 밝아졌다.

주철이는 다시 컴퍼스를 들고 곰곰이 생각해 보았다. 아무리 생각해도 컴퍼스로 선분의 길이를 재어 삼각형을 그렸다는 것이 이해가 되지 않았다. 주철이는 다시 처음부터 되짚어 생각해 보았다.

'아! 바로 그것이다.'

주철이의 손이 바쁘게 움직였다.

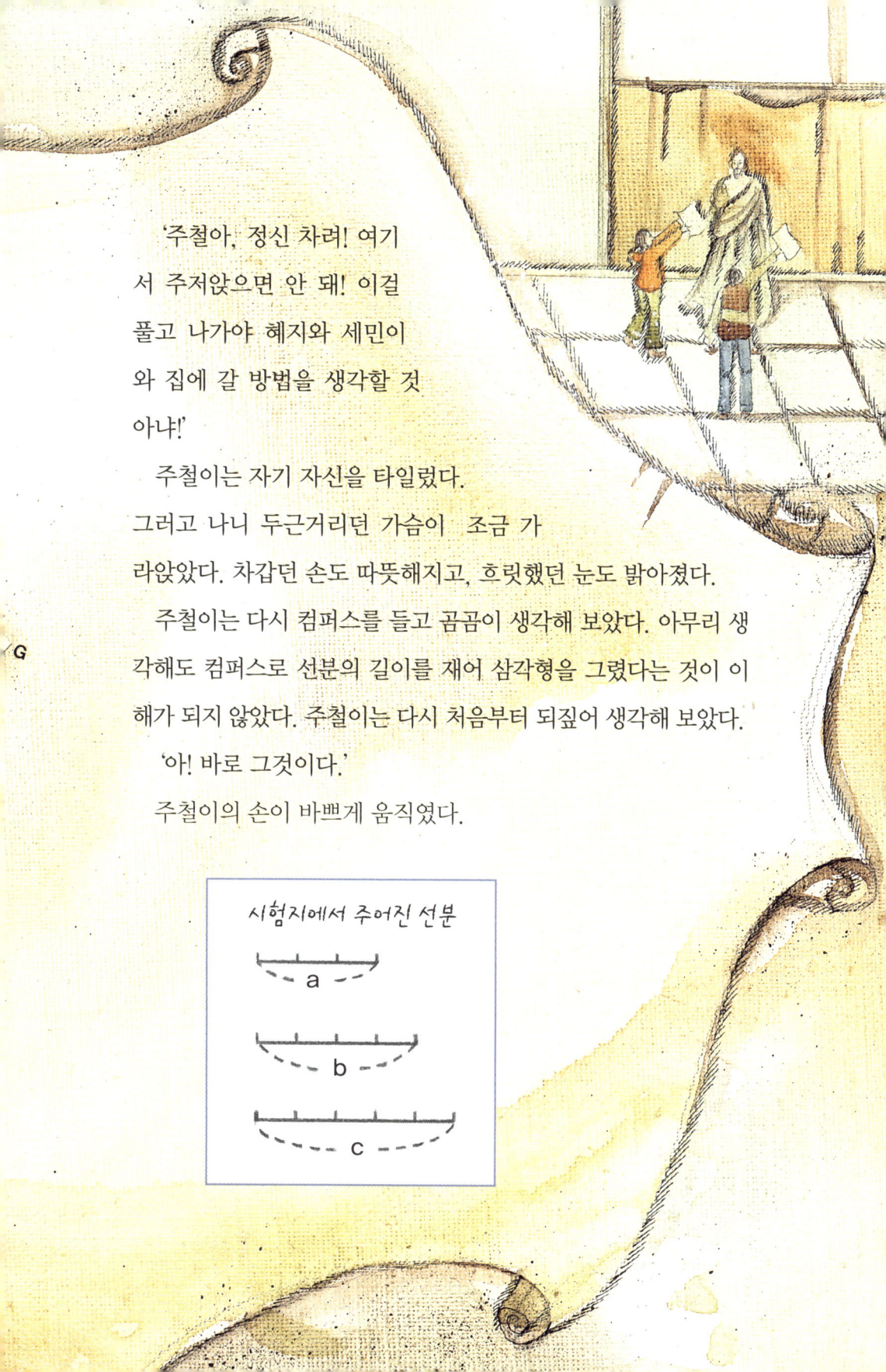

시험지에서 주어진 선분
a
b
c

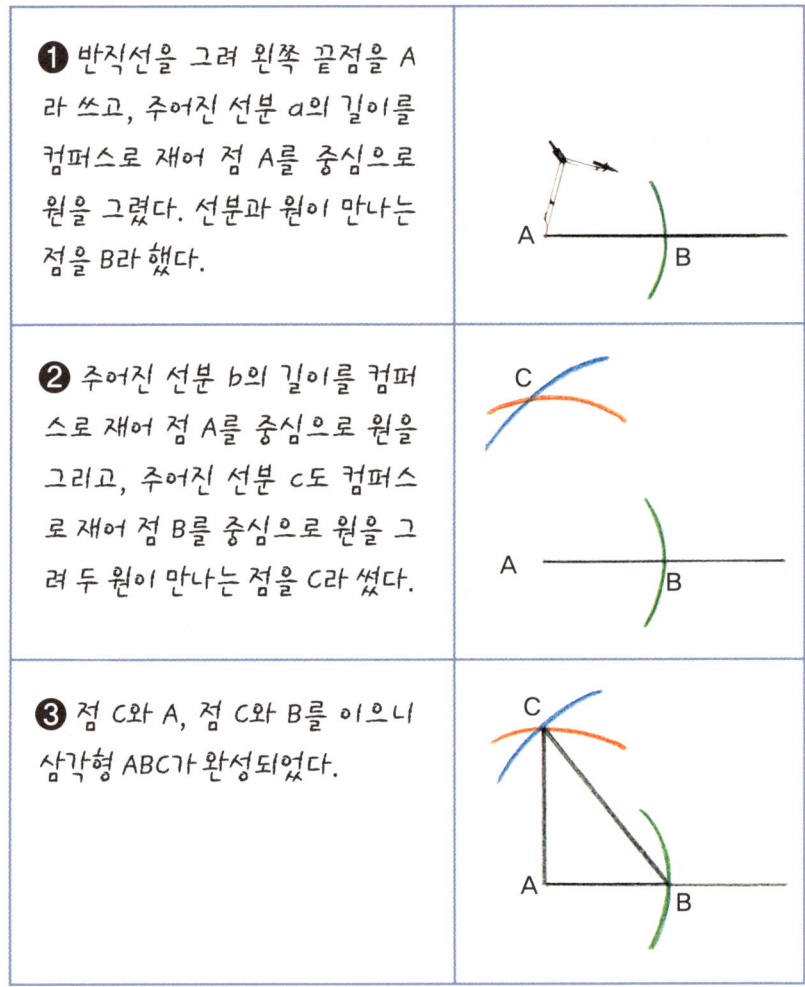

주철이는 삼각형을 그렸지만 맞게 그려졌는지 알 수가 없었다. 각 CAB가 직각인 것 같아서 자의 모서리를 대어 보았다. 직각이 틀림없었다. 주철이는 삼각형의 각 변을 한 변으로 하는 정사각형을 그려 나갔다.

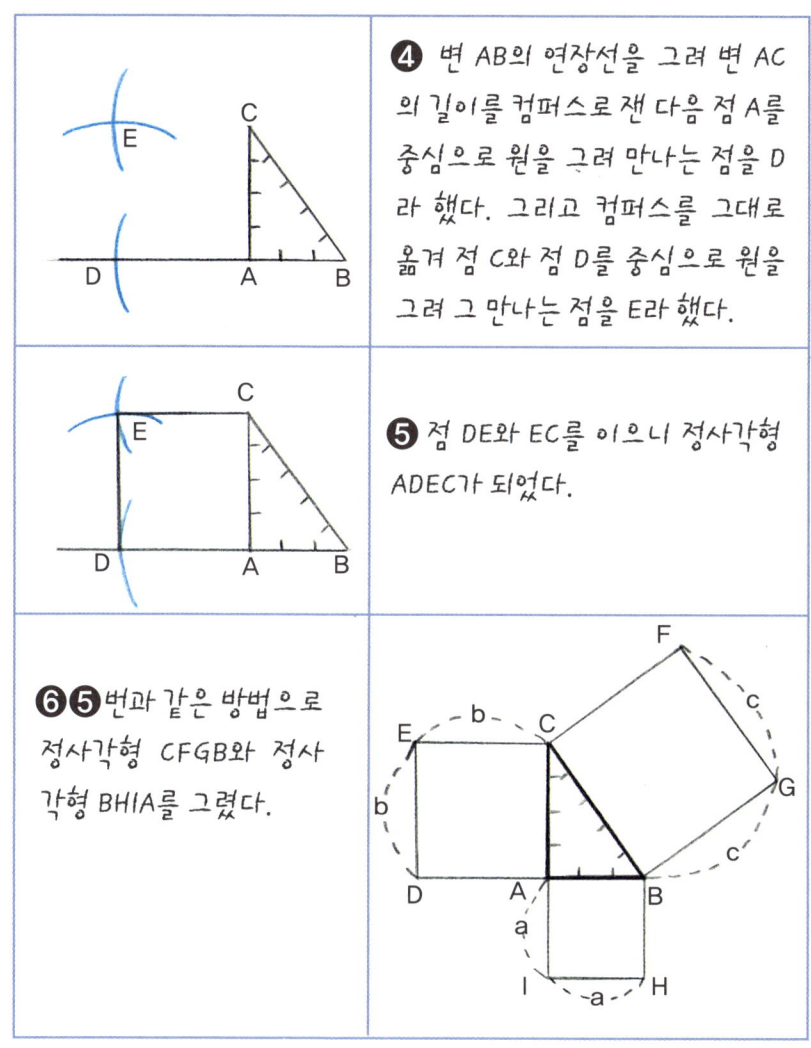

❹ 변 AB의 연장선을 그려 변 AC의 길이를 컴퍼스로 잰 다음 점 A를 중심으로 원을 그려 만나는 점을 D라 했다. 그리고 컴퍼스를 그대로 옮겨 점 C와 점 D를 중심으로 원을 그려 그 만나는 점을 E라 했다.

❺ 점 DE와 EC를 이으니 정사각형 ADEC가 되었다.

❻❺번과 같은 방법으로 정사각형 CFGB와 정사각형 BHIA를 그렸다.

이제 정사각형들의 넓이 관계를 등식으로 나타내야 한다. 세민이는 정사각형 넓이의 관계를 등식으로 나타내어 칭찬까지 받았다. 주철이는 다시 세 개의 정사각형의 넓이를 계산하기 위하

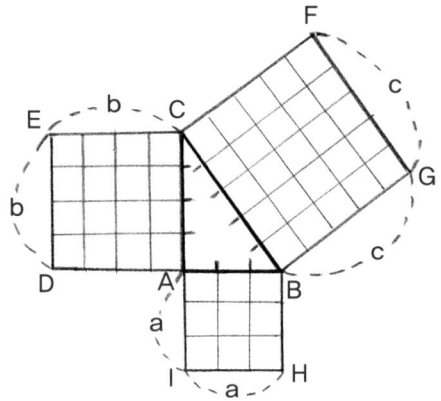

여, 선분 a, b, c에 찍힌 점에 따라 막대자로 작은 정사각형으로 나누었다.

선분 a를 한 변으로 하는 정사각형의 넓이는 9(3×3)칸이 되었고, 선분 b의 정사각형은 16(4×4)칸, 선분 c의 정사각형은 25(5×5)칸이 되었다. 그런데 신기하게도 큰 정사각형의 넓이 25는 작은 정사각형의 넓이 9와 16의 합과 같았다. 주철이는 세 개의 정사각형의 관계를 등식으로 나타냈다.

$$25 = 9 + 16 \rightarrow (c \times c) = (a \times a) + (b \times b)$$

그때 베일 뒤에서 소리가 들렸다.

"너는 삼각형을 그려, 정사각형의 관계를 잘 따졌지만 시간이 너무 걸렸어. 문제를 하나 더 푸는 것을 보고 제자로 삼겠다."

"예? 문제를 하나 더 풀라고요!"

가까스로 삼각형을 그렸는데 문제를 더 풀어야 한다니……. 주철이는 다시금 몸이 조여드는 것 같았다.

밖으로 나온 혜지는 아무리 기다려도 주철이가 나오지 않자 가만히 서 있지 못하고 종종거리며 왔다 갔다 했다. 보스가 빵을 주었으나 혜지는 받지 않았다.
"빨리 타라! 어서 학교로 가자!"
보스가 마차에 오르며 혜지에게 외쳤다.
"혜지야, 어서 타. 언제까지 주철이를 기다릴 거야."
세민이는 마차 안에서 빵을 먹으며 혜지에게 어서 타라고 손짓을 했다.
"보스 선생님, 주철이가 나올 때까지 잠깐만 기다려 주세요."
혜지가 보스에게 애원하듯 말했다.
"혜지야, 주철이가 그 문제를 풀 수 있을 것 같아? 그 앤 못 풀어. 어서 타!"
"넌 친구도 모르는 나쁜……."
저런 애를 여태껏 친구라고 생각했다니 혜지는 기가 막혀서 말도 안 나왔다.

주철이는 직선이 그려진 종이를 받아들고 생각에 잠겼다.
직선에서 가운데 항을 찾으라는 문제는 풀 수 있지만, 가운데

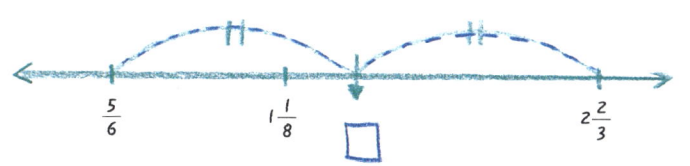

다음 직선 위의 ↓표는 $\frac{5}{6}$(첫항)와 $2\frac{2}{3}$(끝항)의 가운데 항이노라.

1. 직선 위에서 가운데 항을 찾는 규칙(공식)을 찾을 지어다.
2. $\frac{5}{6}$와 $2\frac{2}{3}$의 가운데 항을 찾아 □안에 써넣을 지어다.

항을 찾는 공식을 만들라는 것은 생각해 보지 못한 문제였다. 주철이는 $\frac{5}{6}$와 $2\frac{2}{3}$의 가운데 항을 먼저 찾기로 했다.

$2\frac{2}{3} - \frac{5}{6} = \frac{11}{6}$이 되었다. $\frac{11}{6}$을 2로 나누었더니, $\frac{11}{6} \times \frac{1}{2} = \frac{11}{12}$이 되었다. □속에 $\frac{11}{12}$을 써넣었다. 그런데 이상했다. $\frac{11}{12}$이 $1\frac{1}{8}$보다 작기 때문에 직선의 왼쪽에 있어야 하는데 오른쪽에 있었다.

틀린 게 분명한데 아무리 생각해 보아도 틀린 곳을 찾을 수가 없었다. 그때 머리에 스치는 것이 있었다. 선생님이 어려운 문제를 풀 때 생각해야 할 것을 적어 준 적이 있었다.

1. 복잡한 문제를 단순한 문제로 만든다.
2. 단순하게 된 문제를 생각에 따라 푼다.
3. 처음 문제와 비슷한 문제를 같은 방법으로 풀고 식으로 나타낸다.
4. 식을 수학적인 용어로 나타내어 공식으로 활용한다.

주철이는 문제를 단순하게 만드느라고 직선을 열 칸으로 나누고 분수를 자연수로 고쳤다.

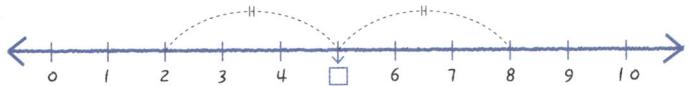

먼저 2에서 8까지의 가운데 항을 찾기로 했다. 8−2=6이다. 6을 2로 나누었다. 3이 되었다. 그런데 3은 2와 8의 가운데 항이 아니다. 2와 8의 가운데 항은 5이다.

"아! 그거야!"

주철이는 자기도 모르게 소리를 질렀다.

첫항인 2를 더하지 않았던 것이다. 2+3=5가 되었다. 비슷한 문제를 풀어 보려고 4와 8의 가운데 항도 찾아보았다. 6이었다.

주철이는 이제 간단한 식을 쓰고 수학적인 용어로 나타내 보았다.

$$(8 - 2) \div 2 + 2 = 5$$
$$(끝항 - 첫항) \div 2 + (첫항) = 가운데 항$$

바로 공식이 되었다. 주철이는 신이 나서 문제를 새로 발견한 공식대로 풀어 보았다.

$(2\frac{2}{3}-\frac{5}{6})\times\frac{1}{2}+\frac{5}{6}=1\frac{3}{4}$이 되었다. $1\frac{3}{4}$은 $1\frac{1}{8}$보다 크기 때문에 직선에서 오른쪽에 갈 수 있었다.

주철이가 자리에서 일어서려는데 베일 뒤에서 목소리가 들려왔다.

"훌륭해! 잘 풀었어. 네 이름은?"

"주철이라고 합니다."

"자, 이제 학교로 가거라!"

주철이는 아까부터 방 한쪽에 서 있던 덩치 큰 남자를 따라 밖으로 나왔다.

혜지가 밖으로 나오는 주철이를 보고 쏜살같이 뛰어왔다.

"풀었어?"

"응, 풀었어."

"어서 마차를 타자. 우린 헤어져서는 안 돼."

혜지가 보스에게 빵을 달라고 해서 주철이 손에 쥐어 주었다. 주철이는 배가 고팠지만 빵이 목으로 넘어가지 않았다.

세민이는 줄곧 주철이를 못마땅하다는 듯 쳐다보고 있었다. 주철이는 세민이의 눈길을 피해 밖을 내다보았다. 울창한 숲이 보였다. 숲 사이로 집이 군데군데 보였다. 마차는 좁고 비탈진 길을 덜커덩거리며 달렸다.

피타고라스의 학교로

마차는 네 개의 커다란 원기둥이 우뚝 솟아 있는 돌로 된 건물 앞에서 멈추었다. 학교인 듯했다. 저녁이 다 되어서인지 건물 안에는 사람 그림자 하나 없이 조용했다.

바로 그때 짜랑짜랑한 목소리가 들렸다.

"아버지, 어디 가세요?"

뒤를 돌아보니 혜지 또래로 보이는 여자 아이가 다가왔다. 금발머리는 두 갈래로 땋아서 묶었고, 눈동자가 파란색이었다.

"이 아이들을 기숙사에 데려다 주려고."

"처음 보는 아이들인데…… 어디서 왔죠? 나도 따라 갈래요."

보스의 딸인 듯한 여자 아이는 낯선 세 아이를 호기심 어린 눈빛으로 번갈아 쳐다보며 따라왔다.

건물 뒤로 돌아가자 조그만 집이 보였다. 집은 마치 오래된 동굴처럼 보였다. 벽 주변에는 이끼가 자라 있었고, 담쟁이가 창문과 벽 전체를 감싸고 있었다.

보스가 나무로 된 문을 가볍게 두드리자 머리가 하얗고 허리가 몹시 굽은 할머니가 나왔다. 할머니는 더욱 허리를 굽혀 보스에게 인사를 했다.

"이 학생들이 기숙사에 있게 되었으니 보살펴 주세요."

보스의 말이 채 끝나기도 전에 다시 마차 소리가 들렸다. 마차에서 내린 사람은 아까 시험을 볼 때 보았던 덩치 큰 남자였다. 남자는 보스에게 귓속말을 하더니 곧 돌아갔다.

남자가 사라지자 보스는 세민이와 혜지에게 말했다.

"너희는 우리 집에서 지내고, 저 앤 여기에서 지내야겠구나."

그 말을 들은 혜지가 앞으로 나섰다.

"안 돼요! 우리 셋은 헤어질 수 없어요. 함께 있게 해 주세요."

"이것은 다이몬의 명령이야. 여긴 수학 실력에 따라 서로 다른 대우를 받아."

"주철이도 수학을 잘 해요. 삼각형을 조금 늦게 그렸지만."

주철이가 혜지를 달랬다.

"혜지야, 세민이와 함께 가. 나 때문에 고생 말고."

"안 돼! 보스 선생님, 주철이도 같이 가게 해 주세요. 여기 혼자 있게 할 순 없어요."

"혜지야, 가자. 주철이는 안 된다잖아."

세민이가 혜지의 손을 잡아끌었다.

"가고 싶으면 너나 가. 난 주철이와 여기 있을 테니."

혜지는 세민이의 손을 뿌리치며 싸늘하게 말했다.

"그렇다면 할 수 없군. 세민이 학생만 가지."

보스의 말에 세민이는 고개를 끄덕였다. 하지만 세민이의 눈은 혜지에게서 떨어질 줄 몰랐다. 마치 '왜 그래?'라고 묻는 듯한 눈빛이었다. 혜지는 고개를 돌려 버렸다.

보스는 딸과 세민이를 데리고 학교 담을 따라 걸어갔다. 세민이의 뒷모습이 땅거미가 내려앉은 어둠 속으로 사라졌다.

할머니는 조그만 방으로 주철이와 혜지를 데리고 갔다. 방은 무척 아늑했다. 나무로 된 침대가 하나 있고, 벽에는 조그만 벽난로가 있었다.

"할머니, 방이 하나밖에 없어요?"

"옆방이 비어 있긴 한데, 너무 오래 비워 놔서……."

주철이가 옆방 문을 열었다. 방바닥은 군데군데 패였고, 녹녹한 곰팡이 냄새가 배어 나왔다. 혜지가 한숨을 쉬었다.

"이런 곳에서 잔다고? 안 돼!"

"방이 없잖아."

"주철아, 저 방에서 함께 자자. 어때? 친군데."

주철이는 마침 어두워서 자신의 빨개진 얼굴이 보이지 않은 걸 다행으로 여겼다. 혜지도 말은 그렇게 했지만 어떻게 해야 할지 몰랐다.

두 아이가 나누는 이야기를 듣고 있던 할머니가 혜지에게 웃으며 말했다.

"너만 괜찮다면 내 방에서 함께 자도록 하자."

"그래도 되나요? 고맙습니다, 할머니."

혜지는 자기도 모르게 할머니 손을 덥석 잡았다.

세민이는 보스를 따라갔지만 몹시 속상했다. 혜지가 왜 그렇게 주철이를 감싸고도는지 알 수가 없었다. 서운하기까지 했다.

"내 이름은 헤라야. 저기 보이는 집이 우리 집이야."

보스의 딸인 헤라가 가리키는 곳에는 낮은 울타리 안으로 잘 다듬어진 잔디가 깔린 넓은 집이 보였다. 집으로 들어서자 금발에 푸른 눈동자를 가진 여자가 반갑게 맞아 주었다.

"엄마, 이 친구는 아시아에서 온 세민이라고 해요. 우리 학교에 들어오려고 왔대요."

"안녕하세요? 세민이라고 합니다."

"어서 와요. 반가워요."

저녁을 먹으면서 헤라는 한국의 학교와 학생이 어떤지 이것저것 물어 왔다. 세민이는 사회 시간에 배웠던 옛날 학교와 학생을 떠올리며 힘들게 대답했다. 두 아이의 이야기를 듣고 있던 헤라 어머니가 보스에게 말했다.

"기숙사가 너무 낡고 할머니도 늙으셔서……. 그 애들도 우리 집에서 지내게 하면 어떨까요?"

그 말을 들은 세민이는 뒤통수를 호되게 얻어맞은 듯했다.

"기다려 봅시다. 다이몬의 다음 말이 있겠지요."

저녁을 먹은 뒤 헤라는 세민이를 자기 방으로 데려갔다. 돌로 잘 다듬어진 책상 위에 있는 촛대가 헤라의 방을 밝혔다. 벽에는 초상화가 걸려 있었다. 곱슬머리에 구레나룻 수염을 가지런히 기른 얼굴이었다. 헤라가 벽난로에 불을 지피면서 말했다.

"저 분이 다이몬이야."

"다이몬이 누구니?"

"다이몬을 몰라? 다이몬이 바로 피타고라스 스승님이야."

"아! 그래? 다이몬이 피타고라스의 이름이니?"

"하하하. 피타고라스가 이름이지. 다이몬은 '신과 인간의 중간에 존재하는 사람'이라는 뜻이야. 왜 있잖아? 우리 아버지를 선생님이라 부르는 것처럼."

"아! 다이몬은 피타고라스를 높여 부르는 호칭이구나. 그런데 학교에 선생님은 몇 분 계시니?"

"선생님은 아버지와 다이시스 선생님, 그리고 히파소스 선생님까지 세 분이야. 히파소스 선생님은 지금 안 계셔. 다른 나라를 둘러보러 가셨어."

"학생들은 모두 몇 명이야?"

"2백 명이 넘어."

"피타고라스는 수학을 재미있게 잘 가르치시니?"

"그 분은 수학뿐만 아니라 많은 것을 가르쳐 주셔. 그래서 사람들은 그 분의 제자가 되고 싶어 해. 너희에겐 큰 행운이야."

그때 문 두드리는 소리가 들렸다.

"헤라야, 세민이가 피곤하겠다. 내일 이야기하렴. 세민이는 이쪽 방으로 건너오겠니?"

세민이 방은 헤라의 방 옆에 있었다. 벽난로에 지핀 장작불 때문에 방이 따뜻했다. 겨우 하루가 지났지만 세민이에게는 1년이 지난 것처럼 길게 느껴졌다.

혜지와 주철이는 저녁을 먹으려고 식당으로 들어갔다. 식당 한가운데에 낡고 오래된 체리 빛의 둥근 탁자와 의자들이 놓여 있었다. 혜지와 주철이는 할머니가 내놓은 스튜와 빵을 맛있게 먹고 방으로 돌아왔다.

"세민이는 뭐하고 있을까?"

"글쎄, 잘 있겠지. 보스 선생님이 보살펴 주실 테니까."

혜지는 벽난로에 서툴게 불을 피우는 주철이를 보며 심드렁하게 대답했다.

혜지는 누구에게나 상냥하고 공부도 잘했다. 주철이는 그런 혜지가 좋았으나 쉽게 말을 걸어 보지 못했다. 그런데 이젠 이렇게 둘이서만 있다니, 게다가 스스럼없이 이야기를 나누며 말이다.

"앞으로 어떻게 될까?"

"글쎄……!"

주철이와 혜지는 서로 말이 없었다. 혜지가 일어서서 문으로 걸어갔다.

"장작이 얼마 없는데 한꺼번에 넣지 말고 조금 남겼다가 새벽에 넣어. 이불도 잘 덮고."

꼭 엄마 같은 목소리였다.

"그래 알았어. 잘 자."

혜지가 나가자 주철이는 멍하니 서 있다가 침대에 누웠다.

정말 고대 그리스에 오다니. 아무래도 믿어지지 않았지만, 그게 사실이었다. 무엇을 하든 서슴없이 나선 적이 없는 자신이 오늘 수학 문제를 풀어 낸 것이 놀랍기도 하고 기특하기도 했다.

'엄마가 알면 얼마나 기뻐하실까. 하지만 내가 집에 돌아오지 않고 있어서 어쩔 줄 몰라 하실 테지.'

주철이는 엄마가 몹시 보고 싶었다.

사면체를 가로챈 세민

"혜지야, 안에 있니?"

밖에서 부르는 소리가 들렸다. 세민이와 어제 보았던 보스의 딸이 나란히 서 있었다.

"세민이구나."

주철이도 방에서 나왔다.

혜지와 세민이는 서로 어색해하면서 눈길을 마주치지 못했다. 하지만 곧 혜지가 아무 일도 없었다는 듯이 세민이에게 잘 잤느냐고 물었다. 세민이도 금방 얼굴이 밝아졌다. 세민이가 헤라를 혜지와 주철이에게 제대로 소개시켜 주었다.

네 아이는 학교로 걸어갔다.

어제는 혜지와 주철이, 세민이 모두 학교 건물을 제대로 보지 못했다. 이제 보니 학교는 꽤 큰 편이었다. 운동장도 둘이나 되었다. 정문 바로 앞에는 정원으로 꾸며진 작은 운동장이 있고, 그 옆으로는 넓은 운동장이 있었다.

교실에는 많은 학생들이 조용히 앉아 있었다. 네 아이는 나란히 앉았다. 혜지 옆에는 얼굴이 하얗고 눈이 밝게 빛나는 여자아이가 앉아 있었다.

그때 문이 열리며 보스가 교실로 들어왔다.

"먼저 반가운 소식을 전하겠습니다. 개그놀과 수학을 배우려고 멀리 아시아에서 이곳까지 온 세 사람을 소개하겠습니다. 자, 모두 앞으로 나오세요."

개그놀은 청년이었는데, 키가 주철이 키의 두 배는 되어 보였다. 곱슬머리에 입과 코가 조금 비뚤어져 있어 우스웠다.

네 사람이 앞으로 나가 인사를 하자 박수 소리가 교실 안에 울려 퍼졌다.

"안녕! 나는 릴스라고 해."

옆자리의 여자아이가 제자리로 돌아와 앉는 혜지에게 작은 소리로 말을 걸어왔다. 혜지도 가벼운 눈인사를 보냈다.

곧 수업이 시작되었다. 보스는 길이가 똑같은 나무막대 여섯 개를 들어 보였다.

"여러분! 이 나무막대 여섯 개로 정삼각형 네 개를 만들어 봅시다. 이 문제를 푼 학생에게는 다이몬이 상을 내릴 것입니다."

다들 교실 앞쪽에 놓여 있는 큰 상자에서 나무막대를 여섯 개씩 가지고 자기 자리로 돌아갔다.

혜지와 주철이도 사람들 틈에 끼어 앞으로 나갔다. 세민이는 어느 새 막대 여섯 개를 가지고 곰곰이 생각에 빠져 있었다. 막대를 들고 밖으로 나가는 사람도 있었다. 모두들 자기가 하고 싶은 대로 문제를 풀고 있었다.

혜지가 세민이에게 밖으로 나가자는 눈짓을 보냈다. 세민이가 고개를 끄덕였다. 세민이는 혜라와 함께 먼저 밖으로 나갔다. 혜지도 주철이를 데리고 밖으로 나갔다.

세 아이는 세민이가 하는 말에 귀를 기울였다.

"이 문제는 잘못된 거야. 나무막대는 아무리 적게 써도 아홉 개는 있어야 해."

세민이가 나무막대 아홉 개로 삼각형 네 개를 만들었다.

"그렇지만 다이몬이 나무막대 여섯 개로 정삼각형 네 개를 만들라고 했는데."

혜라가 세민이에게 조심스럽게 말했다.

"옳지! 알았다. 이 나무막대 여섯 개를 반으로 자르면 열두 개가 되지? 그러면 정삼각형 네 개가 아니라 다섯 개도 만들고 한 개가 남지 않아?"

세민이는 땅바닥에 삼각형 다섯 개를 그려 놓고 헤라에게 말했다.

"헤라, 어서 네 아버지를 만나러 가자."

헤라가 미처 대답하기도 전에 세민이가 교실로 뛰어갔다. 헤라도 엉겁결에 일어나 세민이를 따라갔다.

주철이는 세민이가 땅바닥에 그려 놓은 삼각형을 다시금 들여다보았다. 그때 교실에서 개그놀이 힘없이 걸어 나왔다.

"문제 잘 풀었어요?"

혜지가 묻자, 개그놀이 호주머니에서 나무막대를 꺼내 보여주었다. 나무막대는 모두 반으로 잘려 있었다. 개그놀은 세민이처럼 나무막대 열두 개로 삼각형 다섯 개를 만들었던 것이다.

"자르면 안 된대. 꼭 여섯 개로 만들어야 된대."

막대를 호주머니에 넣은 개그놀이 총총 걸음으로 학교를 빠져나갔다.

주철이는 여전히 땅바닥에 그려진 삼각형만 보고 있었다. 어느 순간 주철이의 까만 눈썹 아래 두 눈동자가 밝게 빛나더니 얼굴

에 환한 빛이 감돌았다. 그때 세민이와 헤라가 힘없이 터벅터벅 걸어왔다.

"점심 먹으러 가자. 어머니가 너희를 데리고 오래. 어때?"

혜지는 헤라의 말을 듣고 주철이를 쳐다보았다. 주철이는 정신 나간 사람처럼 여전히 땅바닥에 그려진 삼각형을 들여다보고 있었다.

"주철아, 헤라 집에 가서 점심 먹자!"

그때였다.

"알았다. 알았어! 혜지야, 이게 틀림없어."

주철이가 손에 들고 있던 막대 세 개로 땅바닥에 삼각형을 만들어 놓았다. 남은 막대 세 개를 삼각형의 세 꼭지점에서 비스듬히 세웠다. 사면체 모양이 되었다.

"봐. 삼각형 네 개가 됐지? 밑바닥에 하나 옆면에 세 개?"

주철이는 사면체의 꼭지점을 잡고 혜지를 쳐다보았다.

"맞다. 맞아! 와! 주철이 네가 풀었구나!"

혜지가 주철이의 두 손을 꼭 잡고 기

뼈 어쩔 줄을 몰라 했다. 다들 평면 도형만 생각했지 사면체 모양인 입체 도형을 생각해 내지 못한 것이었다.

옆에서 지켜보던 헤라가 고개를 끄덕였다. 세민이는 주철이가 세워 놓은 막대 여섯 개를 호주머니에 넣고 퉁명스럽게 말했다.

"빨리 점심이나 먹으러 가자. 헤라 어머니가 기다리시잖아."

점심을 먹고 나서 헤라가 집 뒤에 있는 포도밭으로 아이들을 데리고 갔다.

주철이가 뒤를 돌아보았다. 뒤에서 걸어오던 세민이가 언제부터인지 보이지 않았다.

"피타고라스는 무엇을 가르쳐 주니?"

혜지가 묻자 헤라는 잠시 생각하더니 자연수를 설명했다.

"다이몬은 '만물은 수이다' 라고 했어."

'1'은 사물의 출발점이며, '2'는 첫 짝수로 여성을 뜻하고, '3'은 홀수로 남성을 뜻한다고 했다. 여성을 뜻하는 수 '2'와 남성을 뜻하는 수 '3'을 합한 '5'는 조화와 믿음을 나타내고, '2'와 '3'을 곱한 '6'은 진실한 우정과 애틋한 사랑을 가리킨다고 했다.

"10은 뭐니?"

혜지가 물었다.

"10은 신성한 수라고 했어."

혜지와 주철이는 헤라의 이야기를 들으며 신기해했다.

"세민이는 왜 안 오지?"

주철이가 걱정스러운 목소리로 물었다.

"글쎄, 어디 아픈 것 아닐까?"

헤라도 걱정스러운 얼굴로 앞장을 서서 포도밭 아래로 내려갔다.

세 아이가 서둘러 집으로 왔을 때, 헤라 어머니는 꽃을 손질하고 있었다.

"엄마, 세민이는 뭐해요?"

"세민이? 학교에 간다고 급하게 가더구나."

세 아이는 또 부랴부랴 학교로 갔다. 세민이는 보이지 않았다.

"주철아, 교실로 가서 우리 아버지를 만나 봐. 네가 그 문제를 풀었잖아!"

"그래, 어서 가."

헤라와 혜지가 주철이의 등을 밀었다. 주철이는 혜지와 같이 가고 싶었으나 용기를 내어 혼자 교실로 들어갔다.

교실에는 보스 혼자 앉아 있었다.

"어서 오너라. 무슨 일이지?"

"아침에 내 주신 문제를 풀려고요."

주철이는 교실 구석에서 나무막대 여섯 개를 들

고 열심히 설명했다. 주철이의 설명을 다 듣고는 보스가 책상 밑에서 무엇인가 꺼냈다.

"세민이가 피라미드 모양으로 이렇게 멋있게 만들어 왔어. 네 설명을 들어 보니 세민이가 만들어 온 것과 같구먼."

피라미드 모양의 사면체를 보자 주철이 얼굴이 빨개졌다. 주철이는 보스에게 고개를 꾸벅이고는 교실에서 나왔다.

"뭐라고 하셔? 정답이라면서 칭찬해 주셨지?"

"아니야, 다른 사람이 이미 풀어 왔던걸. 사면체도 예쁘게 만들어 왔어."

주철이 말을 듣고 다들 맥 빠진 얼굴로 자리에서 일어서는데, 세민이가 싱글벙글 웃으며 나타났다.

"난 다이몬을 만났다. 초상화보다 훨씬 인자해 보이던걸."

"뭐라고 말씀하셨어?"

헤라가 세민이 곁으로 바짝 다가서며 물었다. 세민이가 혜지에게 자랑스럽게 말했다.

"우리 셋이 함께 지낼 수 있게 해 달라고 했더니, 그렇게 해 주겠대."

혜지는 얼굴빛이 굳어졌다. 조금도 기쁜 얼굴이 아니었다.

"이제 가자. 세민이 넌 오늘도 헤라네 집으로 가야겠지?"

혜지가 세민이 말에는 아무 대꾸도 없이 쌀쌀맞게 말하고는 기숙사로 발을 옮겼다. 세민이가 혜지에게 무엇인가 이야기하려고 했으나 혜지는 뒤도 돌아보지 않고 총총 걸음으로 가 버렸다.

주철이가 기숙사로 왔을 때 수업 시간에 혜지 옆에 앉아 있던 여자아이가 와 있었다.

"나는 릴스야. 오늘 학교에서 너를 보았는데."

"나는 주철이라고 해."

릴스가 방을 한 번 둘러보고 물었다.

"너희, 우리 집에서 함께 지내면 어떨까? 아버지에게 말씀 드릴게."

릴스가 건넨 뜻밖의 말에 혜지는 말없이 주철이를 바라보았다. 주철이도 혜지의 얼굴을 살펴보았다. 주철이는 혜지가 그다지 싫어하지 않는 것 같아서 고개를 끄덕였다.

"며칠 있으면 아버지가 돌아오실 거야. 지금은 그리스에 가 계시거든."

릴스가 돌아간 뒤, 혜지와 주철이는 심심하기도 하고 집 생각에 마음을 잡지 못해 동네를 여기저기 둘러보았다.

넓은 밭에는 둥근 돌을 촘촘히 쌓아 만든 탑이 군데군데 있었다. 밭을 일구면서 돌을 모아 쌓은 것 같았다. 주철이가 갑자기 걸음을 멈추더니 큰 소리로 말했다.

"이제야 알았다! 선생님이 내 주신 문제."

"선생님이 내 주신 문제라니. 무슨 문제?"

"가로 500원, 세로 500원을 가로 700원, 세로 700원으로 만드는 문제 말이야."

주철이는 땅바닥에 그림을 그렸다.

"이렇게 가운데에다 동전 다섯 개를 쌓으면 되잖아?"
"아하! 진짜로 가로 700원, 세로 700원이 되었네."
"그렇지. 아주 쉽지 않아?"
"어떻게 풀었어?"
"저 돌탑을 보고 생각해 냈어."

혜지는 걸음을 멈추고 주철이를 물끄러미 쳐다보다가 미소를 지었다.

새로운 보금자리

며칠 뒤, 주철이와 혜지가 학교에서 집으로 돌아와 보니 방문은 열려 있고 방에서는 이야기 소리가 들려 왔다. 두 아이는 세민이와 혜라가 온 줄 알고 방으로 뛰어 들어갔다. 그런데 릴스와 낯선 여자가 앉아 있었다.

"어디 갔다 오니? 주인도 없는 방에 들어 와서 미안해."

"구경하느라고 좀 돌아다녔어. 오래 기다렸어?"

혜지는 대답을 하며 낯선 여자를 쳐다보았다.

"인사해. 언니 테아노야. 오는 길에 만났어."

테아노의 눈도 푸르고 맑았다.

"릴스에게서 너희 이야기는 들었어. 만나서 반갑다."

테아노는 혜지와 주철이를 번갈아 보며 다정하게 웃었다.

"안녕하세요? 전 혜지라고 하고, 애는 주철이라고 해요."

혜지와 주철이는 나란히 인사를 했다.

"아버지가 그리스에서 돌아오셨는데, 너희를 데리고 오라고 하셨어."

릴스가 서둘렀다.

주철이는 방을 한 번 둘러보았다. 잠깐 동안이었지만 마음을 편하게 해 준 곳이었다. 할머니가 밖에서 기다리고 있었다.

"할머니, 저희 릴스네 집으로 갈게요. 그 동안 돌봐 주셔서 고맙습니다."

"릴스 아가씨네는 아주 좋은 사람들이야. 앞으로 자주 놀러 오고……."

할머니도 아쉬워했다.

네 사람은 마을을 지나 숲이 울창한 언덕에 올라섰다. 언덕 아래로 흰 대리석으로 지어진 집이 우뚝 솟아 있었다. 거대한 신전처럼 집을 받들고 서 있는 네 기둥에는 그리스 로마 신화에서 보았던 신들이 새겨져 있었다.

집 안으로 들어서자 넓은 거실이 한눈에 들어왔다. 천장은 높이가 거의 5미터는 되어 보였다. 거실 안쪽으로는 이층으로 오르는 넓은 계단이 나선형으로 이어져 있었다.

테아노가 긴 소파를 가리키며 혜지와 주철에게 앉으라고 했다. 잠시 소파에 앉아 있자 복도 저쪽에서 키가 아주 크고 몸집이 우람한 사람이 웃음을 머금고 걸어 나왔다. 테아노가 자리에서 일어섰다. 혜지와 주철이도 따라 일어섰다.

"아버지야, 인사드려."

"안녕하세요? 저는 혜지라고 해요."

"저는 주철이에요."

"그래, 만나서 반갑구나."

릴스 아버지는 무척 다정하고 인자해 보였다.

"다이몬은 잘 있니? 지금도 거기에서 지내지?"

릴스 아버지는 혜지와 주철이에게서 눈길을 옮겨 맞은편에 앉아 있는 테아노에게 묻고 있었다.

"예. 그런데 그 곳도 위험해요. 낯선 사람들이 서성거리는 게 가끔 눈에 띄어요."

"그래? 그럼 다른 곳으로 옮겨야겠구나."

그때 릴스가 일어섰다.

"아버지, 우리 일어날게요."

"그래, 그렇게 해라."

혜지와 주철이는 릴스의 뒤를 따라 긴 복도를 걸어갔다.

복도 양쪽에는 많은 문이 있었다. 릴스가 문을 열고 들어간 방은 넓고 환했다. 천장에서 내려뜨린 분홍빛 벨벳 커튼이 저녁 노을에 붉게 빛나고 있었다. 매끈한 돌로 잘 다듬어진 둥그런 탁자 위에는 촛대가 놓여 있었고, 커튼 아래에는 대리석으로 깎아 만든 침대가 놓여 있었다.

"여기가 혜지 방이야. 맘에 들어?"

"너무 아름다워. 고마워."

방을 둘러본 혜지가 환하게 웃었다.

릴스는 주철이 방을 보여 주고는 자신의 방으로 아이들을 데려 갔다. 릴스는 많은 이야기를 들려주었다.

릴스 아버지의 이름은 밀로였다. 이곳 크로톤에서는 밀로를 모르는 사람이 없었다. 밀로는 올림픽 경기에서 여러 차례 우승한 선수로 이름난 사람이었다.

하지만 밀로는 크로톤에서 생산되는 올리브 기름, 포도주, 향료를 소아시아(지금의 터키)와 그리스에 파는 길을 열어 더욱 유명해졌다. 그 일로 밀로 자신도 큰돈을 벌고, 이곳 농부들도 잘 살게 되었다. 그래서 크로톤 사람들은 밀로를 존경했다.

그 무렵 피타고라스가 크로톤에 나타났다. 밀로는 피타고라스와 나이가 비슷하지만 피타고라스를 존경했다. 크로톤 사람들이 피타고라스에게서 학문을 배우도록 지금의 학교를 세워 주고, 자신도 스스로 피타고라스의 제자가 되었다. 테아노도 피타고라스에게 학문을 배우다가 서로 사랑하게 되어 부부가 되었다고 했다.

이야기를 듣던 주철이가 릴스에게 물었다.

"네 아버지가 올림픽에서 우승한 적이 많다고 했는데, 무슨 운동을 하셨니?"

운동을 좋아하는 주철이다운 질문이었다.

"아버지는 원반 던지기나 레슬링을 잘하셔. 높은 절벽도 잘 오르고, 달리기에도 여러 번 우승을 했어. 주철이 너도 운동을 좋아하니?"

"그럼. 주철이는 태권도를 잘해. 달리기도 잘하고, 여하튼 운동이라면 뭐든 잘해."

옆에서 듣고 있던 혜지가 주철이 대신 나서서 대답했다.

저녁이 다 되어 혜지와 주철이는 릴스를 따라 아래층에 있는 식당으로 내려갔다. 식당은 넓고 아늑했다. 커다란 식탁에는 먹을 것이 가득 차려져 있었다.

다들 의자에 앉으려는데 곱슬곱슬한 금발머리에 푸른 눈동자를 가진 남자아이가 들어왔다. 그 아이는 마치 오래 전부터 알고 지낸 친구처럼 주철이와 혜지에게 스스럼없이 인사를 했다.

"안녕? 난 에그스야. 만나서 반가워."

주철이와 혜지도 인사를 했다.

"우리 오빠야. 오빠와도 친구처럼 지내. 나보다 겨우 한 살 많거든."

"그래. 같은 또래인데 친구로 지내자."

에그스가 환하게 웃으며 주철이와 혜지에게 손을 내밀었다.

"고마워."

주철이도 에그스의 손을 잡으며 말했다.

"아버지는 어디 가셨어?"

릴스가 에그스에게 물었다.

"그리스에서 온 사람들 때문에 누나네 가셨어. 그 사람들이 다이몬이 있는 곳을 말하라고 크로톤 사람들을 위협하고 다닌다는 소문이 있어."

다이몬 이야기가 나오자 릴스와 에그스의 낯빛이 어두워졌다. 자리가 어색해지자 혜지가 빵을 베어 물며 말머리를 돌렸다.

"집이 크고 멋있어. 꼭 신전 같아."

"아버지가 지으셨어. 지하로 내려가면 비밀 통로가 있는데 집 뒤에 있는 숲으로 이어져 있어. 지금은 오빠 때문에 막아 놓았지만……."

릴스가 말을 하다가 에그스를 보고는 입을 다물었다. 에그스는 금세 얼굴이 빨개져 있었다. 주철이는 비밀 통로가 어떻게 생겼는지 더 물어보고 싶었지만 그만두었다.

그리스에서 온 사람들

혜지와 주철이는 릴스와 에그스를 따라 바닷가에 나갔다.

비릿한 바다 냄새가 바람을 타고 날아왔다. 바다 멀리 수평선 너머로는 작은 섬들이 마치 바위처럼 솟아 있었다. 밀려오는 파도는 세차게 바위를 치고 물러났다가 다시 다가왔다.

혜지가 두 손을 모아 입에 대고 외쳤다.

"엄마~! 아빠~!"

처음에는 그냥 불러본 것인데, 어느 새 혜지는 울음을 터트리고 말았다. 혜지를 지켜보던 릴스도 울고 있었다.

"난 안 울려고 했는데, 미안해."

릴스가 죽은 어머니 이야기를 했다.

릴스 어머니는 릴스가 아홉 살 때 세상을 떠났다. 비바람이 치

던 날 바닷가에 나갔다가 파도에 휩쓸렸는데 주검도 찾지 못했다고 한다.

릴스의 이야기를 들으니 혜지는 부끄러워졌다. 자신은 언젠가는 집으로 돌아가 부모님을 만나 볼 수 있기 때문이었다.

그때였다. 에그스가 재빨리 바위 사이로 몸을 숙였다.

"모두 엎드려! 빨리!"

다들 어리둥절한 채 에그스를 따라 바위 사이로 몸을 숨겼다. 멀리서 남자들이 다가오는 것이 보였다. 그 사람들은 벌써부터 네 아이를 뒤따르고 있었던 것 같았다.

"틀림없이 그리스에서 온 사람들일 거야. 내가 저자들을 따돌릴 테니, 너희는 빨리 집으로 가."

말릴 틈도 없이 에그스가 바위 사이에서 튀어 나가 뛰기 시작했다. 남자들은 에그스를 쫓아 뛰었다.

세 아이는 에그스와 반대 방향으로 뛰었다. 그러나 수염이 온 얼굴을 덮어 고릴라처럼 생긴 사람이 아이들을 가로막았다. 그 뒤에는 키가 크고 비쩍 마른 사람이 서 있었다.

"누가 밀로의 딸이냐? 아! 너로구나."

두 사람이 다짜고짜 릴스를 잡으려고 했다.

그때 혜지가 주철이에게 눈짓을 보냈다. 주철이가 알았다는 듯이 고개를 끄덕이더니 고릴라 같이 생긴 사람의 얼굴을 두 발로 돌려 찼다. 고릴라는 갑작스런 주철이의 공격에 '으악' 하는 소리와 함께 힘없이 쓰러졌다. 그 틈에 혜지는 릴스의 손을 잡고 뛰었다.

"고리아스! 괜찮아요?"

"빨리 쫓아가! 놓치지 마!"

키가 큰 사람이 도망가는 릴스와 혜지를 쫓기 시작했다. 얼마 가지 않아 키 큰 남자는 혜지와 릴스를 따라잡았다.

"자, 저쪽으로 가시지. 또 도망치면 가만두지 않을 거야!"

남자가 두 아이의 등을 떠밀어 앞장세웠다. 혜지가 뒤를 돌아보았지만 주철이는 보이지 않았다. 릴스와 혜지는 아주 천천히 걸었다. 어떻게 하든지 시간을 끌어야만 했다. 몇 발자국 가다가 혜지가 뒤돌아섰다.

"어디까지 가자는 거예요? 할 말이 있으면 여기서 하세요."

릴스도 남자 앞으로 다가서며 따졌다.

"다이몬이 있는 곳을 알려 달라고 이러는 거죠? 저는 몰라요."

키 큰 남자는 기가 차다는 듯이 껄껄 웃었다.

"누가 다이몬이냐? 피타고라스가 신과 인간의 중간에 존재한단 말이냐? 하하하!"

그때 작은 바위 뒤에서 옷깃이 살짝 보였다. 주철이가 틀림없었다. 혜지가 키 큰 남자 앞으로 바싹 다가섰다.

"릴스 아버지가 어떤 분인지 모르세요? 지금 릴스를 풀어 주지 않으면 아저씨를 가만두지 않을 거예요."

키 큰 남자는 버럭 화를 냈다.

"밀로가 어떻게 알아. 너희 입 다물고 서서 앞장서지 못해!"

고릴라 같이 생긴 고리아스가 한 쪽 다리를 질질 끌면서 오더니 큰 소리로 악을 썼다.

"그 꼬마 녀석 어디 갔어? 어디 갔느냔 말이야?"

고리아스가 주철이의 돌려차기에 맞아 넘어지면서 다리를 다친 것이었다. 그때 주철이가 바위 뒤에서 뛰어나와 제법 굵은 나뭇가지로 키 큰 남자의 팔을 내리쳤다.

"휴먼! 위험해!"

고리아스가 소리쳤지만 휴먼은 이미 어깨를 맞고 비명을 지르며 몇 걸음 물러났다. 주철이와 혜지는 릴스의 손을 잡고 힘껏 뛰었다.

밀로는 집 앞 테라스에서 잠시 쉬고 있다가 멀리서 아이들이 뛰어오는 모습을 보았다. 언뜻 보기에도 아이들의 모습이 조금 달랐다.

밀로는 정원을 가로질러 아이들에게 뛰어갔다. 아이들 얼굴은 모두 하얗게 질려 있었다. 릴스가 밀로의 품으로 뛰어들었다. 에그스는 아직 집에 돌아오지 않고 있었다.

밀로는 아이들의 이야기를 듣고 하인을 불러 뭐라고 지시했다. 하인이 나가자 밀로는 릴스에게 차분하게 일렀다.

"릴스, 넌 이 애들과 집에 있거라. 알겠니?"

"예, 알았어요. 그런데……."

"에그스는 염려 말아라. 내가 지금 찾으러 가겠다. 곧 개그놀이 올 거야."

밀로가 집안으로 들어갔다. 주철이는 아직도 떨고 있는 혜지를 보고 말했다.

"혜지야, 난 아저씨를 도와야 할 것 같아. 너는 릴스하고 집에 있어."

"아니야, 나도 갈래. 너한테 무슨 일이라도 생기면 어떻게 해?"

혜지도 따라서 일어섰다.

"넌 안 돼. 아저씨도 허락을 안 하실 거야."

주철이는 마치 오빠가 누이동생을 타이르듯 말했다.

릴스가 태권도복을 걸치고 다니는 주철이에게 조끼를 가지고 와서 주었다. 조끼는 두텁고 단단했다.

"칼이나 화살에도 끄떡없는 조끼야. 어서 입어."

"고마워."

주철이는 릴스에게 받은 조끼를 걸쳤다. 밀로가 나갈 준비를 하고 나왔다.

"저도 가겠어요."

"안 돼! 위험해!"

밀로가 총총 걸음으로 나섰다. 주철이는 뛰어서 밀로의 뒤를 따라갔다. 얼마쯤 가다가 밀로가 멈춰 서서 주철이를 뒤돌아보더니 낮은 목소리지만 엄하게 타일렀다.

"위험한 일이 벌어지면 곧바로 집으로 돌아가겠다고 약속을 하거라!"

"예, 그렇게 할게요."

밀로와 주철이는 바닷가로 뛰어갔다. 바닷가에는 아무도 없었다. 그저 파도 소리만 바람에 섞여 들려왔다. 밀로는 사방을 둘러보더니 주철이에게 물었다.

"에그스는 어느 쪽으로 갔지?"

"저쪽으로요. 그 사람들을 따돌리겠다고 말했어요."

밀로는 고개를 끄덕이더니 주철이가 가리킨 쪽으로 달려갔다. 한참을 달리다가 주철이에게 낮은 소리로 일렀다.

"여기 바위틈에 숨어 있다가 내가 휘파람을 불면 집으로 가거라."

밀로는 몸을 숙여 앞으로 나갔다. 앞에는 높은 절벽이 있었고, 절벽 밑에는 동굴이 보였다. 밀로는 마치 평지를 걷듯이 울퉁불퉁한 바위들을 지나 동굴 안으로 사라졌다.

동굴 입구는 악어 입처럼 기다랗게 튀어나왔고, 그 위에는 '+' 모양의 바위가 보였다. 해가 저물어 가면서 나무 그림자가 기다랗게 늘어져 동굴 주변을 덮어 왔다.

산에서는 부엉이가 울어 대고 있었다. 바람이 차가워졌다. 주철이는 몸과 마음이 더욱 움츠러들었다. 갑작스레 엄마와 동생 주훈이 생각이 밀려왔다. 돌아가신 아버지도 생각났다.

아버지가 교통사고로 돌아가시고 자신과 주훈이를 키우느라 고생하는 엄마를 생각하니 코가 시큰거렸다. 이제 주철이 자신마저 집으로 돌아오지 않고 있으니 엄마가 얼마나 찾아 헤맬까.

'집으로 돌아갈 수 있는 방법은 없을까! TMT에서 손바닥에 메시지가 나온다고 했는데.'

주철이는 자신의 손바닥을 한참이나 들여다보았다. 하지만 야속하게도 손바닥에는 아무런 표시가 나타나지 않았다.

동굴로 들어간 밀로는 좀처럼 돌아오지 않았다. 불안해진 주철이는 동굴 쪽으로 살금살금 가 보았다.

동굴 밖으로 사람의 모습이 나타났다. 어두워서 누군지 알아차리기가 어려웠다. 가까이 다가와서야 그 사람이 밀로라는 것을 알 수 있었다.

"에그스는 여기에 없어. 지금쯤 집에 갔는지 모르겠다. 그만 가자."

"왜 그 사람들은 아저씨네 가족을 해치려고 하지요?"

주철이가 어둠 속에서 밀로의 얼굴을 살피고는 입을 열었다.

"피타고라스는 사모스 섬에서 태어나 이 곳으로 왔어."

밀로는 피타고라스가 지내 온 이야기를 들려주었다.

피타고라스는 학문을 폭넓게 익히려고 이탈리아와 메소포타미아, 그리고 이집트에서 공부를 하다가 탈레스를 만나 스승으로 모셨다.

피타고라스는 탈레스 밑에서 수학과 철학을 배운 뒤, 고향인 사모스 섬에서 몰래 학교를 열었다. 그것은 사모스의 왕이 학교를 세우지 못하게 했기 때문이었다.

피타고라스가 학교를 열자 많은 사람들이 몰려들었다. 이를 알게 된 왕은 피타고라스를 잡아들이라고 했다. 그러자 피타고라스는 고향을 떠나 지금 이탈리아의 남쪽에 있는 크로톤으로 도망쳐 왔다.

뒷일을 두려워한 왕은 크로톤에 사람을 보내 피타고라스를 해치도록 했다. 뿐만 아니라 피타고라스를 도와주고 있는 밀로까지 없애려고 했다.

주철이는 밀로의 이야기를 듣고 보니 TMT를 타고 오던 날 보스가 왜 자신들을 두건으로 씌우고 지하에 가두었는지 알 것 같았다.

어느 새 두 사람은 집 가까이 다다랐다.
"내 뒤로 바싹 따라 오너라. 집 근처에 놈들이 숨어 있을지 모르니."

두 사람은 발자국 소리를 죽여 가며 샛길로 살금살금 걸어갔다. 돌계단의 대리석 기둥 가까이 갔을 때였다. 몸집이 엄청나게 큰 곰 한 마리가 밀로에게 다가섰다. 밀로는 조금도 겁을 먹지 않은 눈치였다.

주철이가 몸을 날려 곰을 가로막았다.
"에그스를 못 찾았습니까?"
놀랍게도 곰은 옆으로 비껴 서며 말을 했다.
"그럼 에그스가 아직도 집에 돌아오지 않았단 말인가?"
"예, 아직 오지 않았습니다."
밀로와 곰이 이야기를 나누는 것을 보고 주철이는 너무 놀라 뒷걸음질을 쳤다. 곰이 가죽을 벗고 모습을 드러냈다. 바로 개그놀이었다.

그때였다. 울타리 바로 옆에서 바스락 소리와 함께 나지막한 신음소리가 들려 왔다. 주철이는 겁이 났지만 용기를 내어 울타리로 살금살금 다가갔다. 어둠 속에서 검은 물체가 움직였다. 그것은 에그스였다.

"아저씨! 에그스가 여기에 있어요."

울타리를 뛰어 넘은 주철이가 에그스를 일으켜 세웠다. 그러나 에그스는 움직이지 못했다. 손과 발은 줄로 단단히 묶여 있고, 입에는 두꺼운 천으로 재갈이 물려져 있었다. 주철이는 에그스 입에 물려 있는 재갈을 풀었다.

밀로와 개그놀이 울타리를 뛰어 넘어왔다. 밀로가 에그스의 손과 발에 묶인 줄을 풀어 주고, 에그스를 업고 집으로 들어갔다.

밀로는 에그스를 침대에 눕힌 다음 옷을 벗겼다. 온몸에는 피멍이 들고 살갗이 군데군데 찢겨져 있었다. 밀로가 상처에서 흘러내린 피를 닦아 내고 약을 발랐다.

"아버지! 나는 아무 말도 안 했어요. 다이몬이 있는 곳을 절대로 말 안 했어요."

"그래 잘했다, 잘했어!"

주철이는 왠지 자신의 잘못으로 에그스가 이렇게 된 것 같아 부끄럽기도 하고 속도 상했다.

고리아스의 덫

 교실 안은 다른 날보다 조금 소란스러웠다. 오늘은 피타고라스가 수학에 뛰어난 사람에게 상을 주는 날이었다. 모두들 누가 상을 받을지 궁금해서인지 조금 들떠 있었다.
 보스가 앞으로 나오자 교실은 금세 조용해졌다.
 "지금 다이몬이 들어오십니다."
 사람들이 모두 자리에서 일어섰다. 곧 흰 가운을 입은 사람이 들어왔다. 가슴에는 별이 들어 있는 오각형 마크를 달고 있었는데 금빛으로 화려하게 빛났다.
 키는 그렇게 크지 않지만 위풍당당하였다. 얼굴에는 위엄이 넘쳐흘렀고, 수염이 둥글게 나서 인자해 보였다.
 다들 입을 모아 피타고라스에게 인사말을 했다. 그 소리로 교실은 잠깐 웅성웅성했다. 보스가 목소리를 높였다.

"먼저 지난번에 사면체 문제를 잘 풀어낸 사람에게 다이몬이 직접 상을 주겠습니다. 세민이, 앞으로 나와요."

세민이가 앞으로 나가자 피타고라스가 세민이에게 가까이 오라고 손짓을 했다.

"이 학생은 내가 오랫동안 연구해 온 직각삼각형의 원리(피타고라스의 정리)를 한 순간에 찾아낸 학생입니다. 직각삼각형 그리는 방법도 정확했고, 사면체 문제도 가장 먼저 풀어냈습니다. 이 학생이야말로 우리를 위해 하늘에서 내려준 인재입니다. 우리 학회를 위해 일할 '떠오르는 샛별' 입니다."

'떠오르는 샛별' 이라는 말에 다들 박수를 쳤다. 피타고라스가 별이 새겨진 오각형 마크를 세민이 가슴에 달아 주었다.

시상식이 끝나자, 피타고라스는 모든 제자들에게 종이를 한 장씩 나누어 주도록 했다. 종이에는 사다리꼴이 그려져 있었다.

"이 문제는 시론 씨의 유언에 따라 그의 자녀 아홉 명에게 나누어 줄 밭의 모양입니다. 이 밭을 아홉 개로 똑같이 나누어야 합니다. 모두 풀어 보세요."

"넓이만 똑같이 나누면 되는 겁니까?"

세민이가 물었다.

"넓이와 모양은 같아야 하겠지요. 이 문제를 가장 먼저 푼 사람에게는 시론 씨가 학회에 기부한 돈을 상금으로 주겠습니다."

상금 이야기가 나오자 사람들이 웅성거리기 시작했다. 세민이가 서둘러 말했다.

"운동장으로 나가 그림을 그려가며 풀자. 그래야 더 빠르겠어."

운동장으로 나오자 혜지가 세민이에게 물었다.

"사다리꼴의 윗변, 밑변, 높이도 모르는데 넓이를 계산할 수 있어?"

"그래 맞아! 어떻게 계산하지?"

주철이가 컴퍼스로 사다리꼴 변의 길이를 재다가 말했다.

"윗변과 높이의 길이는 같고, 밑변은 윗변의 길이의 두 배인데!"

"그렇다고 넓이가 계산 돼? 변의 길이를 알아야지."

혜지가 말했다. 아이들은 저마다 운동장에 사다리꼴을 그려 놓고 생각에 빠졌다. 그러나 쉽게 풀릴 문제가 아니었다. 주철이는 컴퍼스로 사다리꼴 변의 크기를 재다가 그림만 멍하니 쳐다보고 있었다. 보다 못한 혜지가 다그쳤다.

"뭐해, 빨리 풀어야지!"

"이 사다리꼴 변의 길이를 우리가 정하면 안 될까? 윗변과 높이의 길이는 같게 하고 밑변은 윗변의 두 배로 말이야."

"맞아, 그런 방법도 있겠다."

아이들은 주철이의 말대로 사다리꼴의 길이를 임시로 정해서 넓이를 계산했다. 한참을 계산하던 세민이가 투덜거렸다.

"야! 이건 9로 나누어떨어지지 않잖아?"

혜지는 세민이가 계산해 놓은 것을 보았다. 윗변과 높이는 10, 밑변은 20으로 정했다. 넓이가 150이었다. 150을 9로 나누니 나머지가 나왔다.

"이러니까 안 됐지. 윗변과 높이는 6, 밑변은 12로 해서 9로 나누어 봐. 6으로 떨어질 테니까."

주철이는 혜지의 말을 듣고 윗변과 높이는 여섯 줄, 밑변은 열두 줄을 그어 대강 나누었다. 작은 사각형이 54개가 되었다. 54를 9로 나누었더니 6개씩이었다.

"밭 하나의 넓이는 6으로 해야 하지만 모양은 어떻게 하지?"

주철이는 줄을 그어 나눈 그림을 내 보였다.

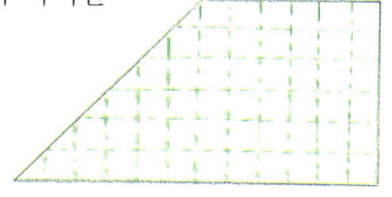

"그래! 그렇게 줄을 그으니까 같은 모양으로 나누어질 것 같은데."

혜지는 신이 났다. 세민이도 다가와 그림을 보며 말했다.

"그림만 정확하면 나눌 수 있겠어. 처음 모양인 사다리꼴로 나누어야 될 것 같은데. 내가 자를 가지고 올게."

세민이가 바쁘게 교실로 들어갔다. 다른 아이들은 세민이가 자

를 가지고 오기를 기다렸다. 한참을 기다렸는데도 세민이가 나타나지 않아 교실로 들어가 보았다.

"역시 세민 군은 훌륭합니다. 세민 군이 설명한 대로 밑변은 12등분, 높이는 6등분하여 보세요."

피타고라스가 세민이를 자랑스럽게 쳐다보며 칭찬을 했다. 사람들은 사다리꼴의 밑변과 높이를 같은 간격으로 자를 대고 줄을 긋기 시작했다. 시간이 잠시 흐르자 세민이가 소리를 쳤다.

"풀렸습니다. 처음 모양과 같이 사다리꼴로 나누어 보세요."

세민이가 시험지를 피타고라스 앞에 내밀었다.

"과연 떠오르는 샛별입니다. 아주 정확합니다. 이제 시론 씨의 유언이 해결되었습니다. 또 풀어낸 사람 없습니까?"

주철이가 시험지를 들고 서성거렸다. 주철이가 나눈 그림은 세민이가 나눈 그림과는 달랐다. 하지만 주철이는 끝내 제자리에 앉고 말았다.

피타고라스는 앞으로 어려운 문제가 생기면 세민 군과 의논해서 해결하라는 말을 남기고 자리를 떴다. 보스가 교실 앞으로 나섰다.

"지금 학회는 위험에 빠져 있습니다. 그리스에서 온 첩자들이 다이몬을 해치고 학회를 없애려고 합니다. 우리는 이들과 싸워야 합니다. 다같이 힘을 모아 다이몬과 학교를 지킵시다."

교실에 모였던 사람들이 모두 일어나 '다이몬을 지키자! 학교를 지키자!' 하고 외쳤다.

아이들은 다들 릴스네 집으로 갔다.

세민이는 주철이가 릴스네 집에서 혜지와 잘 지내는 것이 못마땅한 얼굴이었다. 그것을 눈치 챈 혜지도 못마땅하기는 마찬가지였다. 아까 학교에서 있었던 일로 여전히 세민이에게 화가 나 있었다. 하지만 오랜만에 모였는데 얼굴을 붉히고 싶지 않았고, 주철이도 더는 내색을 하지 않아 그냥 참고 있을 뿐이었다.

저녁이 되어 세민이와 헤라가 릴스네 집을 나설 때였다.

어디에서 날아왔는지 화살이 '쌩' 하는 소리를 내며 집 앞에 심어져 있는 나무에 꽂혔다. 아이들은 모두 깜짝 놀라 사방을 두리번거렸다. 아무도 보이지 않았다.

화살에는 작은 쪽지가 묶여 있었다. 릴스가 다가가 재빠르게 쪽지를 풀었다. 쪽지에는 이렇게 씌어 있었다.

밀로 보아라!
네 아들을 돌려보내 준 것은 기회를 한번 더 주기 위해서이다.
우리는 많은 사람을 해치고 싶지 않다. 피타고라스가 있는 곳만

> 알려준다면 조용히 물러나겠다. 사흘 뒤 한낮에 바닷가 동굴 앞에서 만나자. 자네와 아시아에서 온 꼬마가 어제 간 곳 말이다. 반드시 그 꼬마 녀석과 둘이서만 오도록 해라. 약속을 지키기 바란다.
>
> 제우스신의 사자, 고리아스가

'참으로 무서운 놈들이다. 어떻게 이렇게 가까이 와서 화살을 날렸을까? 게다가 밀로 아저씨와 내가 어제 저녁 바닷가 동굴에 간 것도 알고 있다니.'

주철이는 말을 잃고 쪽지만 물끄러미 쳐다보았다.

세민이는 릴스네 집에서 혜지와 함께 지내고 싶은 생각이 굴뚝같았지만 이젠 빨리 헤라네 집으로 돌아가고 싶었다.

"집으로 돌아갈 때 그 사람들이 나타나면 어떻게 하지?"

"아마 네 앞에 나타나지는 않을 거야. 세민이 널 데려갈 생각은 없을 테니까."

혜지가 세민이에게 차갑게 쏘아붙이고는 주철이를 바라보며 걱정스럽게 말했다.

"그런데 왜 널 나오라고 했을까?"

"그때 주철이에게 당해서 화가 많이 났나 봐. 분명히 복수하려고 그럴 거야."

릴스가 대답했다.

그날 밤 릴스는 밀로에게 쪽지를 건네주었다. 쪽지를 읽고 난 밀로는 두 눈을 부릅뜨고 주먹을 불끈 쥐었다.

"이번엔 꼭 고리아스, 그 고릴라 녀석을 혼내 주어야겠어."

주철이는 곰곰이 생각해 보았다. 아무래도 고리아스에게 무슨 꿍꿍이가 있어 보였다. 왜냐하면 고리아스 혼자 밀로와 싸움을 벌인다면 고리아스는 밀로의 상대가 되지 못하기 때문이었다.

다음날 오후, 주철이는 밀로와 함께 갔던 바닷가 동굴로 갔다. 동굴 바닥에는 모래와 자갈이 깔려 있고, 벽과 천장은 칼날처럼 뾰족뾰족한 바위가 솟아 있었다. 안으로 들어갈수록 바닥이 군데군데 깊게 패여 있었다.

그때 동굴 앞에서 두런두런 하는 사람들 말소리가 들려왔다. 주철이는 재빨리 몸을 동굴 벽에 바싹 붙였다.

"먼저 사다리를 동굴 천장에 대고 그물을 가지고 올라가게."

고리아스였다. 고리아스는 사람들을 시켜 천장에다 그물을 묶게 한 다음 한 사람을 그물 밑에 세웠다. 그리고 동굴 옆으로 늘어뜨린 끈을 잡아당겼다. 그 순간 그물이 천장에서 넓게 펼쳐지면서 아래로 떨어져 그물 밑에 있던 사람을 뒤집어씌웠다.

"됐어! 그물이 닿은 곳에 돌을 놓아 표시를 해 두게."

고리아스는 고개를 끄덕이며 몹시 흐뭇해했다.

"자, 가자. 이 정도면 아무리 힘이 센 밀로라도 꼼짝없이 사로잡히겠지. 하하하!"

고리아스는 한바탕 크게 웃으며 밖으로 나갔다.

고리아스 일행이 동굴을 나간 뒤에도 주철이는 한참을 더 숨어 있다가 살금살금 나왔다. 주철이는 사람들이 돌을 놓아 표시해 둔 자리에서 천장을 올려다보았다. 어두워서 그물은 잘 보이지 않았다.

주철이는 고리아스가 이런 비겁한 짓을 꾸며 놓고 밀로를 불러낸다는 것이 놀라웠다.

'그래, 고리아스 네가 이런 함정을 파 놓았지만 결코 속을 우리가 아니지. 어떻게 하면 이 함정을 거꾸로 써먹을 수 있을까?'

이런 생각을 하다 보니 선생님과 함께 창의력이 무엇인지 게임을 하면서 이야기했던 게 떠올랐다.

"선생님, 창의력이란 어떤 뜻인가요?"

한 아이가 선생님에게 이렇게 물은 적이 있었다. 선생님은 잠시 생각하더니 웃으며 말했다.

"자, 다들 재미있는 게임을 한번 해 볼까? 칠판에 선긋기 시합이야. 누가 선을 가장 많이 긋는지 내기해 보자."

게임이라는 말에 아이들이 너도나도 할 것 없이 '저요! 저요!'를 외쳐 대며 손을 들었다.

"차례대로 모두 시킬 테니까 기다려요. 내가 '시작' 하면 선을 긋고, '그만' 하면 멈추는 거야."

선생님이 칠판을 다섯 칸으로 크게 나누었다.

앞에서부터 다섯 명씩 나가서 칠판에 선을 그었다. 어떤 아이는 눈을 감고 위에서 아래로 그었고, 어떤 아이는 지그재그를 끝없이 긋기도 했다. 마침내 반 아이들이 다 한 번씩 선을 그어 보았다.

"모두 선을 그어 보았지? 자, 지금이라도 더 많이 그을 수 있는 방법을 생각한 사람은 손들어 봐요?"

아이들이 또 너나할 것 없이 손을 들고 소리를 지르자, 선생님은 아무 아이나 넷을 불렀다.

"자, 내가 이 네 친구와 시합을 할게. 세민이가 '시작'과 '그만'을 외쳐!"

세민이가 '시작'을 외치자 생각지도 못한 일이 벌어졌다. 선생님의 두 손 손가락 사이에는 분필이 네 개씩이나 끼워져 있었다. 그래서 한 번 그으면 선이 여덟 개나 생기는 것이었다.

"선생님! 반칙이에요. 반칙!"

"누가 반칙을 했지? 누구야?"

"선생님이요. 선생님은 왜 손가락 사이에 분필을 그렇게 많이 끼우셨어요?"

"이것이 바로 창의력이야. 난 선만 많이 그으라고 했지 이렇게 저렇게 그으라고는 한 마디도 안 했잖아? 왜 여러분은 스스로 규칙을 만들어 버리지? 하지만 내가 한 방법이 최고는 아니야. 선을 더 많이 그을 수 있는 방법이 또 있을 거야."

"선생님, 있어요! 선생님을 이길 수 있는 방법이 있어요."

한 아이가 나섰다.

"그래, 이제 머리가 터지는구나. 어디 말해 봐."

"선생님이 그려 놓으신 선의 가운데를 지우개로 지우면 선이 두 배로 늘어나지 않나요?"

그런데 선생님이 갑자기 화를 벌컥 냈다.

"너, 이리 나와! 어서 나오지 못해!"

다들 숨을 죽이고 그 아이를 바라보았다. 그 아이가 겁을 잔뜩 먹고 앞으로 나갔다.

"뒤로 돌아!"

선생님은 뜻밖에도 그 친구의 머리를 두 손으로 감싸 안더니 귀를 가만히 대었다.

"네 머리에서 왜 '스스딴딴' 하는 소리가 들리지? 너는 정말 창의적인 머리를 가졌구나. 네 머리는 에디슨이나 아인슈타인보다도 더 창의적이야."

그러고는 선생님은 그 아이를 꼭 껴안았다. 그 순간 반 아이들은 얼굴이 환해지면서 웃음을 터뜨렸다.

그때 일을 생각하니 학교가 몹시 그리워졌다. 주철이는 선생님과 반 아이들을 생각하면서 릴스네 집으로 발걸음을 옮겼다.

꿈속에 나타난 문제

교실에서 아이들이 떠드는 소리가 울려 퍼졌다.

"자, 조용히! 재미있는 문제 하나 풀어 보도록 하자."

선생님 말 한 마디에 교실 안은 조용해졌고, 아이들의 눈빛은 어느 새 초롱초롱 빛났다.

"옛날에 적에게 쫓기던 임금이 있었어. 적군은 수백 명이고, 아군은 임금까지 모두 33명밖에 없었대. 적군이 사방에서 쳐들어오고 있었지. 하지만 슬기로운 신하가 있어서 적을 물리쳤단다. 그 신하는 어떤 방법을 썼을까?"

선생님은 이렇게 문제를 내고는 칠판에 그림을 그렸다.

"처음에는 칸마다 병사를 3명씩 두고, 가운데에는 임금을 지키는 병사 8명을 두었단다. 그런데 생각해 보니 구덩이를 깊게

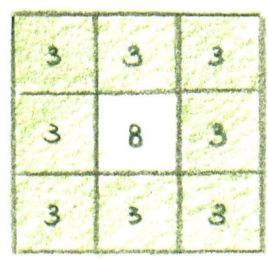

파서 임금을 그 안에 들어가게 한 다음, 8명을 변에 있는 8칸에 나오게 하면 임금도 안전하고 적군도 무찌를 수 있다고 생각했지. 그래서 땅을 파고 임금을 그 안에 들어가게 한 다음, 가운데 8명을 변으로 나오게 했단다. 그리고 다시 9명씩이 되게 하였지."

그러자 한 아이가 일어섰다.

"선생님 질문 있어요. 이미 변의 3칸에 3명씩 있어서 9명인데, 가운데 8명을 어디에 두어야 하지요?"

"그러니까 32명으로 수많은 적을 무찔러 임금도 구해 내고 자신도 살았지 않겠니? 여러분이 그 지혜로운 신하가 되어 풀어 보는 거야."

선생님은 문제를 한번 내면 답을 바로 가르쳐 줄 때가 없었다. 아이들이 더 묻기라도 하면 선생님도 모른다고 하면서 시치미를 뗐다. 아이들은 선생님이 알고 있으면서도 힌트를 주지 않는다고 투덜거렸다.

어느 새 다들 문제를 푸느라 조용해졌다. 주철이도 칠판을 뚫

어지게 쳐다보고 있는데 어디선가 부르는 소리가 들렸다.

"주철아, 아직도 자니?"

주철이는 깜짝 놀라서 눈을 떴다. 꿈이었다.

문 밖에서 개그놀이 부르는 소리였다. 동굴을 다녀온 뒤 줄곧 선생님과 친구들을 생각했더니 꿈까지 꾼 모양이었다.

집안은 조용했다. 주철이는 개그놀과 어제 오후에 갔던 바닷가 동굴로 향했다.

아침을 먹을 시간이 되어도 주철이가 보이지 않자 혜지는 주철이 방의 방문을 두드려 보았다. 주철이가 없었다.

혜지는 걱정이 되었다. 오늘이 바로 고리아스와 만나는 날이기 때문이었다.

"아버지하고 함께 나간 것 아닐까? 아버지도 안 계시는데."

"그럼, 고리아스를 벌써 만나러 갔단 말이야?"

"벌써 갔겠니? 고리아스가 낮에 만나자고 했잖아."

릴스의 말에 혜지는 그제야 마음을 놓았다.

혜지는 아침을 먹고 릴스의 방에서 시 한 편을 보았다. '위대한 피타고라스여' 라는 시였다.

재능이 뛰어난 피타고라스여,
뮤즈 여신의 자손이여,

가르쳐 주십시오.

당신 제자의 수를.

내 제자의 절반은

수의 아름다움을 탐구하고,

자연의 이치를 구하는 자가 4분의 1이며,

7분의 1의 제자들은

굳게 입을 다물고

깊이 사색에 열중하고 있습니다.

그 외 제자가 3명.

그들이 제자의 전부입니다.

알겠는가? 제자의 수를?

혜지는 시를 읽고 나니 웃음도 나오고 놀랍기도 했다. 수학 문제가 시로 되어 있기 때문이었다. 한국에서 수학 문제는 늘 '……계산하여라' 또는 '……알아보아라'와 같은 재미없는 말만 늘어놓는데, 피타고라스 제자들은 딱딱한 수학 문제를 부드럽고 친근감 넘치는 시로 나타낸 것이다.

"문제가 어렵니? 이 문제는 제자의 수를 x라고 하고, $x=\frac{1}{2}x+\frac{1}{4}x+\frac{1}{7}x+3$을 풀면 28명이 나올 거야."

릴스가 식과 답을 가르쳐 주면서 두터운 두루마리를 꺼내 와 펼쳐 보였다. 거기에는 숫자가 잔뜩 씌어 있었다.

"이런 숫자는 탈레스가 피라미드를 측량하면서 쓴 거야. 너무 큰 수라 재미가 없어."

시간이 흐를수록 혜지의 귀에는 릴스의 설명이 들어오지 않았다. 주철이가 나타나지 않기 때문이었다.

점심때쯤에 밀로는 몇 가닥으로 된 질기고 단단한 줄을 가지고 나타났다.

"주철이는 어디에 있어요. 왜 함께 안 왔어요?"

"함께 오다니? 주철이가 집에 없단 말이야?"

혜지는 더욱 걱정이 되었다. 그때 집안일을 돌보는 하인이 말했다.

"개그놀과 함께 아침 일찍 나가던걸요."

"그래, 잘 되었군. 주철이를 집에 있게 하고, 나 혼자서 고리아스를 만나러 가려고 생각했었는데."

말을 마친 밀로는 서둘렀다.

혜지도 잘 되었다고 생각했다. 주철이가 따라가겠다고 고집을 부리면 어쩌나 걱정을 하고 있었던 참이었다.

또 다른 함정

밀로가 동굴 앞에 이르렀을 땐 아무도 보이지 않았다. 사방을 두리번거리고 있는데 주철이가 바위틈에서 나왔다.

"아니, 네가 어찌된 것이냐?"

"여기에서 기다렸어요."

"어서 집으로……."

바로 그때 고리아스가 동굴 안에서 걸어 나왔다.

"역시 밀로군! 약속대로 둘이서만 나왔으니 말이야!"

어느 새 고리아스 뒤에서 열 명은 되어 보이는 부하들이 뛰어나와 주철이와 밀로를 에워쌌다.

"이 역봉을 받아라! 이건 칼보다 더 좋은 무기야."

밀로가 60센티미터쯤 되는 나무막대를 주철이에게 재빨리 건네주었다. 꼭 교실에서 선생님이 공부 가르칠 때 쓰는 지시봉 같았다. 주철이는 역봉을 단단히 쥐었다.

"미안하네. 자네와 저 꼬마 녀석을 사로잡으려면 나 혼자서는 어림도 없지 않은가. 피타고라스가 숨어 있는 곳만 말해 주게. 그러면 바로 보내 주겠네."

고리아스가 동굴 앞에 버티고 서서 마치 선심이라도 베풀 듯이 말했다. 동굴 속에서도 검은 그림자가 움직이는 것이 보였다.

"싸울 테면 정정당당하게 일대일로 싸울 것이지 부하들을 수십 명씩 데리고 나오다니 비겁하구나."

밀로가 조금도 기가 죽지 않고 오히려 큰 소리로 나무라자 고리아스의 얼굴이 험상궂게 바뀌었다.

"입이 있다고 함부로 내뱉지 마라."

"왜 이 아이를 나오라고 했느냐? 한 방에 나가떨어진 것이 그렇게도 화가 나더냐? 그래서 이 아이에게 복수라도 하려고?"

밀로가 비웃자 고리아스는 얼굴이 더욱 붉어졌다.

"무엇이라고? 내가 한 방에 나가 떨어졌다고?"

"저런 애송이가 감히 고리아스 님의 상대나 되겠습니까? 어림도 없는 일이지요."

동굴 안에서 휴먼이 걸어 나오면서 비아냥거렸다.

"너희는 왜 다이몬을 해치려고 하느냐? 그 이유가 무엇이냐?"

"아직도 피타고라스가 얼마나 엉큼한지 모르는가? 피타고라스가 사모스 왕의 자리를 넘보려는 것을 정말 모르고 있었단 말이냐?"

"말도 안 되는 소리는 하지도 마라! 학문을 사랑하는 피타고라스가 무엇 때문에 사모스 왕의 자리를 넘본다는 것이냐?"

"사모스에는 왕이 사납고 사치스럽다는 헛소문이 쫙 퍼져 있다. 그런 소문을 누가 냈겠는가? 바로 피타고라스를 따르는 자들이 아니고 누구겠는가?"

고리아스가 밀로를 딱하다는 눈초리로 쳐다보았다. 마침내 밀로가 껄껄 웃으며 고리아스의 말을 되받았다.

"사모스 왕이 사납고 사치스럽다는 것은 누구나 아는 사실이다. 그게 무슨 소문이냐? 고리아스, 어서 부하들을 이끌고 그리스로 돌아가라. 다이몬은 크로톤 사람들을 위해 학문만 가르치고 있을 뿐이다. 조금도 사모스 왕의 자리를 넘보는 일은 없다."

"그리스의 위대한 수학자 티르마 스승님도 피타고라스를 잡아오라고 했다. 탈레스 현인 밑에서 공부할 때 티르마 스승님을 욕보인 죄다. 어떻게 한 스승 밑에서 공부한 친구를 무시할 수 있느냐?"

그러나 고리아스는 곧 바로 후회하는 눈치였다. 자신이 한 말은 곧 티르마가 피타고라스에게 샘을 내고 있다는 걸 드러내는 것이기 때문이었다. 고리아스는 이미 뱉은 말을 주워 담을 수 없자, 갑자기 태도를 바꿔 거칠게 외쳤다.

"무엇들 하느냐? 저 놈들을 사로잡아라!"

고리아스의 명령이 떨어지자 부하들이 우르르 몰려들었다.

"엎드려!"

밀로가 짧게 외치자 주철이가 재빠르게 몸을 숙였다. 밀로가 고리가 달린 줄을 양손에 들고 돌렸다. 네 가닥으로 된 줄이 '윙윙' 소리를 내며 세차게 돌아갔다.

줄이 몹시 세차게 돌 뿐만 아니라 그 소리가 대단해서 고리아스 부하들은 움칠하고 물러서더니 한발도 다가서지 못했다. 그 광경을 보고 있던 고리아스가 소리를 질렀다.

"돌을 던져라!"

어느 새 주철이 머리만한 돌이 앞뒤에서 날아왔다. 밀로는 더욱 힘차게 줄을 돌렸다. 돌은 줄에 닿자마자 부서져 사방으로 튕겨 나갔다. 돌에 맞은 고리아스의 부하들이 '아이쿠' 하는 소리와 함께 여기저기에서 쓰러졌다.

주철이는 밀로가 자기 때문에 줄을 마음대로 돌리지 못하는 것 같아 어쩔 줄 몰랐다. 주철이는 몸을 땅바닥에 바싹 붙이고 살금살금 기어 나와 바위에 서 있는 고리아스에게로 몰래 다가갔다.

줄을 돌리다가 뒤늦게 주철이를 본 밀로가 놀라서 외쳤다.

"안 돼! 돌아와! 어서 돌아와."

그 바람에 고리아스가 바싹 다가온 주철이를 보고 말았다.

"꼬마야! 너 참 착하구나? 어떻게 내 마음을 알았지? 너만 잡으면 밀로가 힘을 못 쓸 거라고 생각하고 있었는데."

고리아스가 들고 있던 칼로 주철이를 겨누었다. 역봉을 들고 있기는 하지만 칼이 너무 가까이 있어서 휘두를 수가 없었다. 주철이는 고리아스에게 밀려 동굴 안으로 들어갔다.

고리아스가 소리쳤다.

"모두 동굴 안으로 들어와라!"

밀로에게 당하고만 있던 그의 부하들이 허겁지겁 동굴 안으로 들어왔다. 밀로는 순간 아찔해졌다. 줄은 좁은 동굴 속에서 돌릴 수가 없었다.

주철이는 이미 동굴 속으로 쫓겨 들어가 보이지 않았다. 밀로는 쓰러져 있는 고리아스 부하의 칼을 주워들고는 동굴 속으로 뛰어들었다. 어느 새 고리아스의 부하들이 밀로를 에워쌌다.

안쪽으로 자꾸 밀리던 주철이는 틈을 노려 몸을 틀었다. 동굴 바깥쪽으로 방향을 바꾸려고 옆으로 비켜선 것이다.

그때를 놓치지 않은 고리아스가 칼로 주철이의 어깨를 내리쳤다. 주철이는 몸을 돌려 칼을 피하려 했으나 고리아스의 손놀림이 더 빨랐다.

"으악! 내 어깨, 어깨가……."

주철이가 소리를 지르며 휘청거리자 고리아스도 잠깐 자세가 흐트러졌다. 어깨가 빠질 것 같이 아팠지만 주철이는 그 틈을 놓치지 않고 역봉으로 고리아스의 손목을 내리쳤다. 칼을 떨어뜨린 고리아스가 외마디 소리를 지르며 손목을 움켜잡았다.

주철이가 정신을 가다듬고 어깨를 바라보았다. 다행히도 어깨는 베여지지 않았다. 릴스가 준 조끼 때문이었다.

주철이는 밀로가 싸우는 곳으로 뛰어들었다. 고리아스도 금세 쫓아와서 밀로에게 칼을 휘둘렀다. 밀로가 뒤로 두어 걸음 물러섰다. 그때 고리아스가 소리를 질렀다.

"내려! 어서 내려!"

동굴 벽 쪽에서 고리아스의 부하 한 사람이 줄을 잡아 당겼다. 주철이가 동굴 바닥을 내려다보았다. 돌멩이가 둥글게 박혀 있었다.

주철이가 밀로의 옆구리를 힘껏 밀어버렸다. 그러자 밀로가 옆으로 서너 걸음 밀려났다. 깜짝 놀란 고리아스가 자기도 모르게 서너 걸음 다가왔다.

"개그놀! 어서 개그놀……."

천장에서 그물이 구름같이 내려와 고리아스와 그의 부하 한 사람을 씌워 버렸다. 순식간에 일어난 일이었다.

그물 안에서 고리아스가 두 눈을 부릅뜨고 줄을 잡고 있던 부하에게 고래고래 소리를 질러 댔다.

"바보 같은 놈! 밀로를 잡으라고 했더니 나를 잡아? 이 배신자 같으니!"

"아니에요. 줄을 잡아당겨도 움직이지 않았어요. 이렇게 힘껏 당겨도 움직이지 않잖아요."

부하는 쩔쩔 매며 고리아스에게 줄을 잡아당겨 보였다. 줄은 천장에서 끊어져 뾰족한 바위에 단단히 묶여 있었다. 화가 난 고리아스가 발버둥쳤지만, 그럴수록 그물이 더욱 조여들었다.

"누가 저 줄을 끊었나? 어떤 놈이 끊었어?"

"내가 끊었다. 무엇이 잘못 되었나?"

벽에 튀어나온 바위 뒤에서 커다란 곰이 나타나며 말했다.

"곰이다! 곰이 나타났다."

고리아스의 부하들은 곰을 보고 놀라 뒤로 물러섰다.

"개그놀, 어떻게 된 것인가? 어떻게 자네가 여기에……."

개그놀이 곰 가죽을 벗었다. 고리

아스와 그의 부하들은 더욱 놀란 듯 숨을 죽이고 밀로와 개그놀을 바라보았다.

"주철이가 시켜서 한 일이에요."

개그놀의 말에 밀로는 주철이를 쳐다보았다.

주철이는 고리아스가 그물을 동굴 천장에 다는 것을 보고, 그것을 거꾸로 고리아스를 잡는 데 써야겠다고 생각했다. 그래서 미리 개그놀을 데리고 동굴에 갔다.

둘은 그물을 잡아당길 줄을 끊어 손잡이에 이어진 줄은 바위에 묶고, 그물에 이어진 줄은 반대쪽 벽으로 더 이어 내려놓았다. 그리고 개그놀에게 곰 가죽을 입고 동굴 깊숙이 숨어 있다가 고리아스가 돌로 표시된 곳에 이르면 줄을 잡아당기라고 일렀던 것이다.

주철이의 말을 듣고 난 고리아스가 눈을 부릅뜨고 소리를 쳤다.

"이 꼬마 녀석! 어디 두고 보자! 널 가만두지 않을 테다."

그때 동굴 속으로 릴스와 혜지가 뛰어 들어왔다.

"아버지!"

"무슨 일이냐? 어떻게 왔어?"

"아버지! 큰일났어요. 다이몬이 잡혔어요."

밀로가 깜짝 놀라 릴스의 어깨를 잡고 물었다.

"뭐라고? 다이몬이 잡혔다고?"

"언니가 와서 아버지에게 빨리 알리라고 했어요."

고리아스가 기뻐하며 소리쳤다.

"하하하! 성공했다! 작전이 성공했어."

밀로가 고리아스를 무섭게 노려보고는 다시 릴스에게 물었다.

"지금 어디에 잡혀 있다고 하더냐?"

"보스 선생님과 교실에 잡혀 있다고 했어요."

고리아스에게 당했다는 걸 이제야 깨달은 밀로가 고리아스를 구슬려 보았다.

"고리아스, 네가 살고 싶으면 먼저 다이몬을 풀어 주어라."

"하하하! 배신자가 되라는 말이냐? 그렇게는 할 수 없다."

"그렇다면 교실 비밀 통로로 다이몬을 구하겠다."

"내 부하들이 그 비밀 통로에 숨어 있다가 피타고라스를 붙잡았어. 그런 허튼 소리 작작해라."

밀로의 얼굴빛이 잠시 어두워졌다.

"비밀 통로는 또 있다."

"비밀 통로가 또 있다고?"

"다이몬을 풀어 주면 너와 네 부하들이 그리스에 안전하게 갈 수 있도록 도와주겠다."

"그렇게는 할 수 없다. 너희가 비밀 통로로 피타고라스를 구출하는 것은 너희 마음대로이다."

쉽게 물러서지 않은 고리아스를 보고 주철이가 나섰다.

"고리아스, 피타고라스가 티르마를 무시했다고 해서 해치려는 거지요?"

"그렇다면 어쩔 테야?"

"티르마에게 정정당당하게 실력으로 대결하자고 하세요!"

"정정당당하게 실력으로 대결하자고?"

"피타고라스와 티르마, 아니면 그 둘의 제자들이 운동 경기나 수학 문제로 대결하면 되잖아요?"

고리아스는 주철이의 말을 듣고 잠시 생각했다. 피타고라스를 사로잡았으나 자신은 밀로에게 이렇게 잡혀 있는 것이 아닌가. 또 탈레스 밑에서 공부할 땐 피타고라스가 실력이 좋았다고 하지만, 지금에 와서는 티르마도 부족한 것이 없다. 티르마에게도 수많은 제자들이 있다.

피타고라스는 사모스와 이탈리아, 그리고 그리스에서 이름을 떨치고 있다. 그런 피타고라스를 티르마가 이긴다면, 피타고라스의 이름은 땅에 떨어지고 티르마는 명예를 얻을 수 있다. 명예를 얻은 뒤에 피타고라스를 해치워도 늦지 않을 것이다.

고리아스는 밀로에게 물었다.

"밀로! 나와 내 부하들을 먼저 풀어 주어라."

"그러면 그리스로 돌아가겠느냐?"

"그건 아니다. 네가 피타고라스를 구출한다면 돌아가겠다. 하지만 너희가 피타고라스를 구출하지 못한다면 데리고 가겠다."

"그렇다면 어쩔 수 없지. 널 끌고 가서 네 부하들에게 서로 인질을 교환하자고 할 수밖에."

"하하하! 제우스신의 사자인 이 고리아스가 생명을 구걸하기 위해 부하들에게 사정을 한다고, 어림도 없는 일이지. 차라리 여기서 날 죽여라!"

고리아스가 부하들을 이끌고 그리스로 돌아간다면 다이몬은 자유의 몸이 된다. 옛날과 같이 제자들을 열심히 가르칠 수만 있다면 더 바랄 것이 없다.

지금 밀로 자신이 할 수 있는 최선의 방법은 위험을 무릅쓰고라도 천장의 비밀 통로로 다이몬을 구해 내는 길밖에 없다. 밀로는 결단을 내렸다.

"좋다. 우리가 다이몬을 구출한다면 너희는 그리스로 돌아가야 한다."

고리아스도 그물 속에서 고개를 끄덕였다.

밀로와 개그놀은 고리아스와 그의 부하들 모두를 그물 속에 가두고 줄로 단단히 묶었다.

시간을 벌어야 해

밀로와 주철, 개그놀이 학교에 이르렀을 때에는 날이 어느 새 어두워졌다. 밀로는 학교 뒤편으로 소리 없이 다가섰다. 개그놀과 주철이도 빠르게 벽 쪽으로 몸을 숨겼다.

교실 안은 불이 환히 밝혀져 있었고, 많은 사람들이 서성거렸다. 피타고라스는 하얀 가운을 입고 제자들과 함께 바닥에 앉아 있었다. 피타고라스 옆으로 보스가 보였고, 세민이도 보였다. 고리아스의 부하들이 칼과 창을 들고 그들을 에워싸고 있었다.

밀로가 '아' 하는 신음소리를 냈다. 밀로가 쳐다본 곳은 교실 천장이었다. 천장은 모두 뜯겨져 있었다.

그때 갑자기 함성이 들려왔다.

"고리아스다! 고리아스가 왔다. 고리아스 만세!"

고리아스의 부하들이 소리 높여 '고리아스'를 외쳤다. 고리아스와 그의 부하들이 그물에서 풀려난 모양이었다.

"아저씨, 우선 시간을 끌어야 할 것 같은데요?"

혜지가 말했다.

"어떻게 시간을 끌었으면 좋겠니? 고리아스가 지금 당장 다이몬을 배에 태우고 그리스로 떠난다면 큰일이야."

"고리아스 부하들에게 먹을 것을 내놓는 거예요. 그러면서 틈을 보는 건 어떨까요?"

밀로는 혜지의 말에 잠깐 동안 망설이더니 흔쾌히 말했다.

"좋은 생각이야. 그렇게 하자."

밀로는 학교 울타리를 뛰어넘어 마을로 갔다.

오래지 않아 다시 학교로 돌아온 밀로가 큰 소리로 고리아스를 불렀다. 고리아스는 부하들과 함께 교실에서 나왔다.

"무슨 일인가? 할 말이 있으면 어서 하게?"

조금 전만 해도 밀로에게 붙들려 딱한 처지였던 고리아스가 어느 새 기세등등하게 물었다.

"자네와 자네 부하들이 먹을 저녁을 내오겠네."

밀로가 건넨 뜻밖의 말에 고리아스가 잠시 머뭇거렸다.

"그만 두게. 우리를 이곳에 오래 머무르게 할 생각은 말게."

"그렇다면 할 수 없군."

밀로는 조금 서운한 얼굴로 돌아섰다. 그때 고리아스가 다시 입을 열었다.

"좋아. 저녁을 먹겠네. 그리고 술도 가지고 오게. 크로톤에서 이름난 밀로와 한잔하고 싶네."

고리아스도 사실 여태 아무 것도 먹지 못한 부하들이 마음에 걸렸던 것이다.

곧 먹을 것과 술이 운동장으로 실려 왔다. 운동장 가운데에 쌓아 두었던 장작에 불이 붙여졌다. 장작불로 운동장이 환해지고 사방으로 열기가 퍼지자 고리아스의 부하들은 조금씩 긴장을 풀고 있었다.

고리아스와 밀로가 마주 앉았다. 밀로는 상에 차려진 음식을 조금씩 모아 그릇에 담더니 한입에 털어 넣고 술을 한 사발 따라 꿀꺽꿀꺽 마셨다. 음식에 독이 들어 있지 않다는 것을 고리아스에게 보여 주기 위한 것이었다.

고리아스 부하들의 반이 먼저 저녁을 먹었고, 나머지 반은 피타고라스를 지켰다. 고리아스는 교실에 붙들려 있는 피타고라스와 그의 제자들에게도 먹을 것을 가져다주게 했다.

고리아스가 밀로 곁에 앉아 있는 주철이에게 물었다.

"어이, 꼬마 친구. 자넨 수학을 잘하는가?"

"왜 묻습니까? 전 수학을 잘 못합니다."

"네가 수학 시합을 하자고 했지 않았느냐?"

고리아스가 동굴에서 했던 이야기를 들추어냈다.

그때 문득 주철이는 어젯밤에 꾸었던 꿈이 떠올랐다. 주철이는 고리아스에게 나아가 고개를 숙이고 말했다.

"고리아스! 다이몬이 이곳을 떠나면 언제 돌아올지 알 수 없어요. 우리에게 다이몬과 만날 수 있는 기회를 한 번만 주었으면 고맙겠습니다."

"그건 안 돼! 또 무슨 일을 꾸미려고?"

고리아스가 딱 잘라 말하자 릴스가 나섰다.

"아저씨는 인정도 없는 겁쟁이예요."

"뭐야? 내가 인정도 없는 겁쟁이라고?"

릴스가 따지고 들자 고리아스가 발끈해서 들고 있던 술잔을 내팽개치듯 내려놓았다.

"그렇지 않나요? 언제 돌아올지 모르는 다이몬을 한 번만 만나게 해 달라고 사정을 하는데도 안 된다고 할 수 있어요? 게다가 아저씨가 보는 앞에서 만나는 것도 안 된다고 하니 겁이 나서 그런 것 아닌가요?"

고리아스의 얼굴이 붉으락푸르락 해졌다. 하지만 곧 생각을 바꾼 듯 다시 입을 열었다.

"좋다. 그럼 피타고라스를 어디에서 만날 테냐?"

주철이가 말했다.

"저쪽 넓은 운동장이 좋을 것 같아요. 아저씨가 우리를 지켜보기에도 좋잖아요."

"좋아. 하지만 피타고라스의 제자들이 모두 와서 피타고라스를 만나는 건 안 돼. 그리고 운동장 한가운데에서 만나도록 해. 내 부하들이 지켜보게 불을 피우고 말이야."

주철이는 조금 누그러져 다시 술잔을 기울이는 고리아스의 눈을 피해 개그놀과 무엇인가 속삭였다. 개그놀이 고개를 끄덕이더니 바람같이 사라졌다.

시간은 흘러 밤이 깊었다. 개그놀이 다가와 주철이에게 고개를 끄덕였다. 고리아스가 일어서며 말했다.

"시간이 없으니 지금 잠깐 만나도록 하지."

피타고라스의 제자들이 움직이기 시작했다.

큰 운동장은 축구장만 했다. 피타고라스의 제자들이 하나둘씩 피타고라스를 보려고 운동장으로 몰려들었다.

밀로는 힘이 세고 덩치가 좋은 사람부터 앞에 세웠다. 틈을 봐서 고리아스와 다시 싸워 피타고라스를 구출해야 했기 때문이다. 그렇지만 테아노는 뺄 수 없었다. 테아노는 피타고라스의 아내이기 때문이었다.

밀로는 사방을 두리번거리며 테아노를 찾았으나 어디에도 보이지 않았다. 어쩔 수 없이 주철이와 혜지, 릴스를 앞에 세우고 자신도 그 뒤에 섰다.

줄이 세워지자 고리아스의 부하들은 몸을 뒤져 무기를 가지고 있는지 살펴보았다. 그러고는 20명만 운동장 가운데로 보내고 나머지 제자들은 울타리 밖으로 내쫓았다.

운동장 군데군데 쌓아 두었던 장작더미에 불이 환하게 타오르자 고리아스가 고동을 세 번 불었다. 교실 문이 열리고 피타고라스를 비롯해 함께 잡혀 있던 사람들이 굵은 줄에 묶인 채 걸어 나왔다.

피타고라스의 뒤에는 흰 보따리를 든 보스가 따르고 있었고, 그 뒤로는 세민이와 피타고라스를 지키던 제자 10명이 한 줄로 걸어 나왔다. 이들이 운동장 한가운데에 이르자 고리아스가 횃불을 치켜들었다.

고리아스 부하들이 재빨리 피타고라스를 중심으로 동, 서, 남, 북 방향에 5~60명씩 섰다. 고리아스가 횃불을 크게 돌리자 부하들이 큰 원을 그리더니 가운데로 촘촘히 좁혀들어 개미 한 마리 빠져나갈 수 없게 피타고라스 일행을 에워쌌다. 사방위 전법이었다.

고리아스가 운동장이 쩌렁쩌렁 울리게 소리를 쳤다.

"피타고라스는 듣거라! 그리고 밀로도 듣거라! 여기에서 조금이라도 허튼 짓을 벌인다면 그 뒷일은 책임질 수 없다. 알아서 하기 바란다."

사각형 전법으로 맞서다

"이렇게 쫓기는 상태에서는 학회를 제대로 이끌 수 없지 않은가. 그래서 보스 선생에게 학회를 맡기고 잠시 멀리 떠나 있을까 했지. 그걸 보스 선생에게 이야기하려고 학교에 나왔다가 그만 이렇게 되었네."

피타고라스가 밀로에게 지금까지 벌어진 일을 설명했다.

"여기에서 빠져나갈 방법이 없을까요?"

밀로가 피타고라스에게 물었다.

"고리아스가 펼치는 '사방위 전법'을 깨뜨릴 수 있는 방법은 우리가 사각형 전법을 펼치는 거야. 이 전법은 우리 쪽이 저들 숫자의 반만 되어도 싸울 수 있지."

"왜 그런가요?"

보스가 물었다.

"밖에서 안쪽으로 공격하는 사람들은 공격 범위가 넓어 허점이 보이지만, 안쪽은 절반의 숫자로 방어만 해도 빠져나갈 수 있는 길은 찾을 수 있거든."

"고리아스 부하들이 200명은 되어 보이니, 100명은 있어야 하는데. 33명밖에 없으니 어떻게 하죠?"

"33명이라……. 몇 명만 더 있고 싸울 무기도 있으면 해 볼만한데."

제자들은 빙 둘러서서 피타고라스의 말에 귀를 기울였다.

그때 주철이가 개그놀을 쳐다보며 고개를 끄덕였다. 개그놀도 알았다는 듯이 고개를 끄덕이고는 피타고라스가 앉아 있는 바로 옆의 땅바닥을 손으로 훔쳤다.

한 번 훔칠 때마다 놀랍게도 땅이 깊이깊이 파이더니 어느 새 바닥이 드러났다. 바닥에는 두꺼운 천이 깔려 있었다. 개그놀이 천을 걷어내자 이번에는 긴 나무토막이 보였다. 개그놀이 또 나무토막을 조심스럽게 들어내자 구덩이가 나타났다. 구덩이 속에는 테아노와 남자 제자들 여럿이 쪼그리고 앉아 있었다.

테아노가 구덩이 속에서 나와 피타고라스 품에 안겼다. 구덩이에서 나온 남자들의 손에는 칼과 방패면이 잔뜩 들려 있었다. 구덩이 주변에는 사람들이 빙 둘러 서 있어서 멀리서 지켜보고 있는 고리아스와 그의 부하들은 아직 눈치를 채지 못했다.

피타고라스가 밝은 얼굴이 되어서 세민이에게 물었다.

"그럼, 이제 모두 몇 명이지?"

세민이가 우물쭈물하고 있을 때 옆에서 지켜보던 혜지가 먼저 대답했다.

"구덩이에서 21명이 나왔으니 모두 54명입니다."

피타고라스는 막대를 하나 들고 땅바닥에 그림을 그렸다. 9칸짜리 마방진과 같은 사각형을 크게 그리더니 숫자를 썼다. 변 쪽의 칸에 모두 6이라 쓰고, 가운데 칸에도 6이라고 썼다. 칸에 씌어 있는 숫자를 다 합하니 54가 되었다. 사람들의 숫자와 같았다.

피타고라스는 호주머니에서 콩알을 꺼내더니 각 칸에 6개씩을 놓고 설명했다.

"이 콩 한 알이 한 사람이야. 이렇게 한 칸에 6명씩 둔다고 해도 각 변 쪽에 18명밖에 되지 않는군. 저들이 동서남북으로 50명씩 짝을 이루고 있다면 우리는 적어도 25명씩은 되어야 할 텐데. 세민 군, 어떻게 하면 각 변 세 칸의 사람들을 합하여 25명 이상이 되게 할 수 있을까?"

세민이는 여전히 대답을 못하고 눈만 끔벅거렸다.

"다이몬, 그럼 이 사람들을 다른 칸으로 옮기고, 가운데 칸에 있는 사람을 변 쪽에……."

이번에도 혜지가 나서자 피타고라스가 혜지의 말을 가로챘다.

"그렇지. 가운데 칸에는 아무도 없어도 되고, 변에 있는 사람은 자리를 옮겨도 돼. 하지만 변 쪽의 모든 칸에는 한 사람이라도 더 있어야 낫겠지?"

그때 고리아스가 소리를 질렀다.

"이야기가 끝났는가? 조금 있으면 날이 밝아 올 텐데 이제 끝을 맺도록 하라!"

이번엔 밀로가 고리아스에게 외쳤다.

"고리아스, 조금만 더 기다려 주게. 우리가 다이몬을 멀리 보내게 됐는데 할 말이 어찌 적겠는가?"

밀로의 말을 들은 고리아스는 언짢은 얼굴이었지만 더 이상 말이 없었다.

피타고라스의 제자들은 늘 호주머니에 콩을 가지고 다니다가 계산을 할 때는 콩을 내놓았다. 다들 콩을 꺼내 땅바닥에 놓고 생각에 잠겼다.

주철이는 어젯밤 꿈에서 보았던 문제를 떠올렸다.

콩을 3개씩 놓고 가운데 8개를 놓았다. 이미 변 쪽에 3+3+3으로 9개씩인데, 가운데 8개를 다시 변 쪽에 어떻게 놓아야 9개

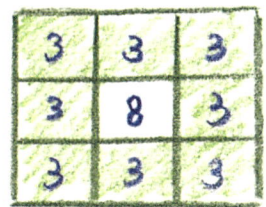

가 될 수 있을까?

가운데 8개를 변의 가운데 칸으로 2개씩 옮겨 놓았다. 3+5+3으로 변의 합이 11개가 되었다.

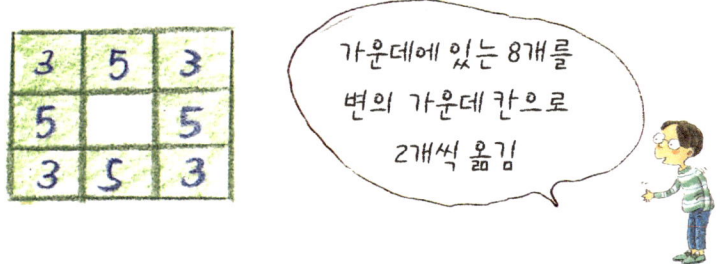

모서리에 있는 콩 2개씩을 변의 가운데 칸으로 옮겼다.

그랬더니 1+7+1=9개씩이 되었다. 콩을 하나도 버리지 않았는데 9개씩 되었다.

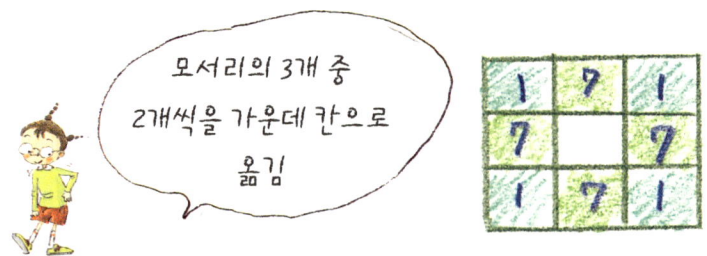

"알았다! 이제야 알았어! 모서리의 수가 작아질수록 변의 수의 합이 작아져."

주철이는 이제야 원리를 깨달았다. '모서리의 숫자는 변의 양쪽 변에 작용하는데, 모서리의 수가 작아지면 변의 수의 합이 작아진다'는 것을 깨달았다. 혜지와 릴스가 주철이 곁으로 바싹 다가왔다.

"풀었니? 어떻게 풀었어?"

세민이도 주철이에게 다가왔다. 주철이는 콩을 각 칸에 6개씩 놓았다.

"변의 가운데 칸에 있는 콩 6개 중 한 개만 남기고 5개씩을 각각 모서리 칸으로 옮기면 어떻게 되겠니?"

"그래도 11+1+11=23개밖에 안 되잖아."

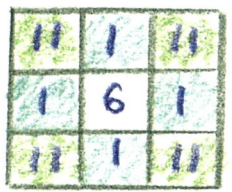

변의 가운데 콩 6개 중 5개씩을 모서리 칸으로 옮김

세민이가 대꾸했다.

"자, 중앙에 있는 콩 6개 중 4개를 네 개의 모서리 칸에 한 개씩 놓으면 12+1+12=25개가 되지?"

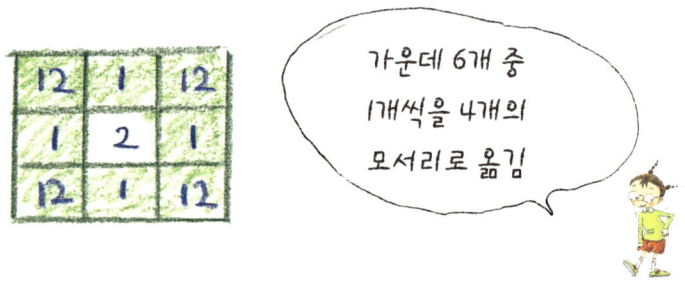

"맞다. 맞아! 변 쪽의 합이 25가 되었어."

혜지가 기뻐하며 주철이의 손을 잡고 펄쩍펄쩍 뛰었다.

"어서 다이몬께 말씀드리자."

피타고라스 앞에 가자 세민이가 나서서 콩을 옮기며 설명하고 있었다. 세민이의 설명을 들은 피타고라스가 다시 세민이에게 물었다.

"그런데 가운데 두 명은 어떻게 하면 좋겠는가?"

세민이가 머뭇거리자 주철이가 입을 열었다.

"가운데 두 사람은 다이몬과 테아노입니다."

"뭐라고? 나와 테아노라고?"

피타고라스가 놀라며 주철이를 쳐다봤다. 주철이는 거침없이 말을 이었다.

"고리아스의 '사방위 전법'을 깨뜨릴 수 있는 방법은 생각해 냈으나, 그렇다고 저들을 이긴 것은 아닙니다. 그저 시간을 벌 수 있다는 것이지요. 저들은 다이몬을 그리스로 모셔 갈 생각뿐입니다. 두 분은 이 구덩이 속에 숨어 있다가 여기를 빠져나가야 합니다."

주철이가 구덩이를 가리키며 빠르게 말했다.

"어서 구덩이로 들어가세요. 이 구덩이에 숨어 있다가 저들이 물러난 다음에 나오세요."

밀로도 앞으로 나서서 피타고라스에게 어서 들어가라고 다그쳤다. 피타고라스는 곧 마음을 굳힌 듯 테아노와 함께 구덩이로 들어갔다.

보스가 손에 들고 있던 보따리를 테아노에게 건네주었다.

"이것은 다이몬의 가운입니다. 집사람이 정성껏 만들었습니다."

보스의 말을 듣고 혜지가 말했다.

"그 가운을 다른 사람에게 입히면 어떨까요?"

모두들 혜지를 쳐다보았다.

"흰 가운을 입은 다이몬이 보이지 않는다면 고리아스는 금방 알아차릴 거예요. 이 옷을 다른 사람에게 입혀 다이몬처럼 보이게 하면 잠시나마 속일 수 있을 것 같아서요."

"아주 좋은 생각이야! 그렇게 하도록 하지."

피타고라스가 시원하게 대답했다.

"가운이 여러 벌이 있으면 좋을 텐데. 고리아스를 더욱 헷갈리게 만들 테니까."

"저 보따리 안에 두 벌이 들어 있어."

보스가 혜지에게 말했다.

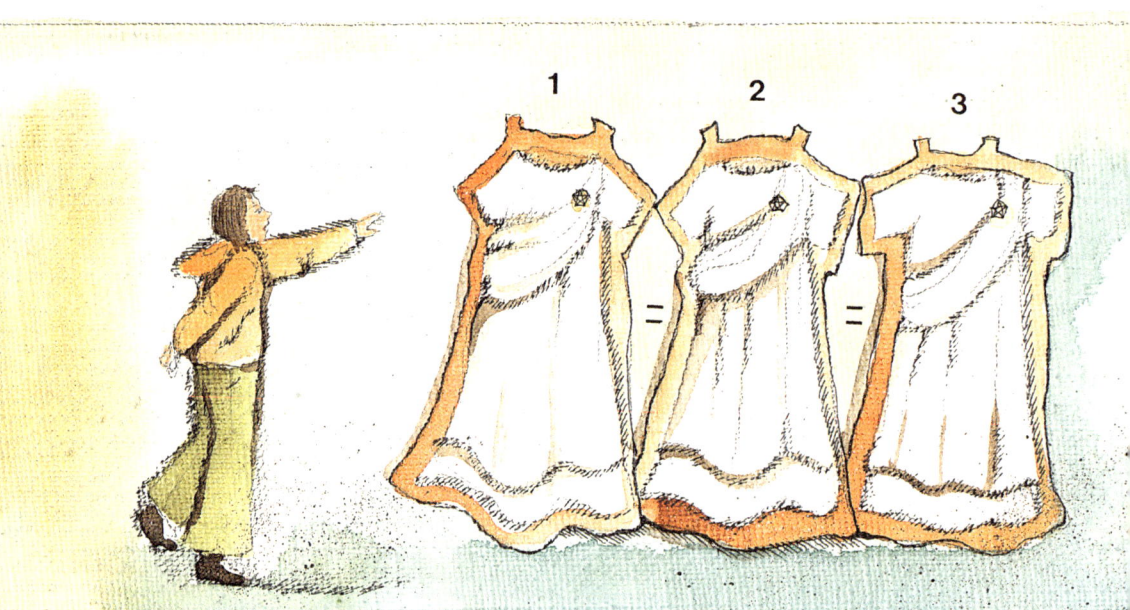

테아노가 들고 있던 보따리를 다시 보스에게 건네주었다.

"밀로, 자네와 내가 옷을 서로 바꿔 입기로 하지!"

피타고라스는 입고 있던 흰 가운을 벗으며 밀로에게 말했다.

"그렇게 하지요. 피타고라스가 셋이나 되면 고리아스가 좀 놀라겠는걸요."

밀로는 재미있다는 듯이 말했다.

옷을 바꾸어 입은 피타고라스가 테아노와 함께 고개를 숙여 구덩이에 몸을 감췄다.

개그놀이 나무토막을 구덩이 위에 걸치고 천을 깔았다. 그리

고 몇 사람과 함께 부랴부랴 흙으로 구덩이를 덮고 조심스럽게 발로 다졌다.

셋이 된 피타고라스

새까맣던 하늘이 부옇게 바뀌고 있었다. 오래지 않아 해가 뜰 것 같았다. 먼 동쪽 하늘에 떠 있던 구름도 조금씩 제 모습을 드러냈다.

밀로는 피타고라스가 말한 대로 사람들을 사각형 모양으로 배치했다. 모두 무기와 방패면을 들고 정해진 위치로 갔다. 밀로는 흰 가운을 보스와 개그놀에게 입으라고 했다. 이제 흰 가운을 입은 사람은 밀로까지 셋이었다.

고리아스가 또 소리를 질렀다.

"해가 솟아오르고 있다. 이제 피타고라스는 이리 나와라."

제자들 속에서 걸어 나오는 피타고라스가 보였다. 고리아스가 다른 쪽으로 눈길을 돌리려는 순간 흰 가운을 입은 피타고라스가 또 보였다. 고리아스가 눈을 비비고 다시 쳐다보았다. 흰 가운을 입은 사람이 또 보였다. 흰 가운을 입은 사람이 셋이나 되었다.

놀란 고리아스가 소리를 질렀다.

"피타고라스! 어떻게 된 것이냐? 피타고라스는 앞으로 나와라!"

흰 가운을 입고 방패면을 쓴 밀로가 앞으로 나서며 소리쳤다.

"고리아스! 내가 피타고라스다!"

보스도 앞으로 나섰다.

"고리아스! 내가 피타고라스다!"

개그놀도 앞으로 나서서 소리를 질렀다.

"고리아스! 내가 진짜 피타고라스다!"

운동장에 피워 놓았던 장작은 어느 새 다 타 버려서 사방은 어슴푸레해졌다. 고리아스는 아무리 눈을 크게 뜨고 보아도 누가 피타고라스인지 도무지 알 수 없었다. 모두가 방패면을 썼기 때문이었다.

"모두 들어라! 저 놈들을 다 잡아들이도록 하라!"

고리아스의 명령이 떨어지자 고리아스 부하들이 함성을 지르며 큰 파도가 밀려오듯이 공격해 왔다. 처음에는 사각형으로 배치된 피타고라스의 제자들이 잘 싸우는 것 같았다. 하지만 시간이 흐를수록 점점 고리아스의 부하들에게 밀렸다. 피타고라스의 제자들 중에는 겁을 먹고 뒷걸음질치는 사람도 있었다.

고리아스는 밀리고 있는 피타고라스의 제자들을 보고 큰 소리로 외쳤다.

"피타고라스는 어서 앞으로 나와라! 네가 진짜로 제자들을 사랑한다면 더 이상 다치게 해서야 되겠느냐?"

밀로는 하늘을 쳐다보았다. 하늘은 이미 환해지고 있었다. 뒤로 물러서면 학교 건물이 가로막고 있었고, 앞에서는 고리아스의 부하들이 밀려들었다.

그때였다. 운동장 반대편에서 쩌렁쩌렁한 목소리가 들려왔다.

"고리아스, 이 비겁한 자여!

위대한 제우스신의 이름을 더럽히지 말아라!

고귀한 다이몬을……"

누군가 노래를 부르듯 시를 읊듯 외치며 다가오고 있었다.

화가 난 고리아스가 소리를 버럭 질렀다.

"뭐라고? 내가 제우스신의 이름을 더럽힌다고?"

시를 읊은 사람은 피타고라스의 제자이자 학교 선생님인 다이시스였다. 다이시스는 마을에 있어서 고리아스 부하들에게 잡히지 않았던 것이다.

수많은 사람들이 손에 칼과 창, 몽둥이를 들고 구름처럼 밀려들고 있었다. 고리아스는 다이시스에게 외쳤다.

"듣거라! 네가 한 발짝이라도 움직이면 여기에 잡혀 있는 이자들을 가만두지 않겠다."

고리아스가 손가락으로 가리킨 곳에는 피타고라스의 제자들이 잡혀 있었다. 세민이도 겁에 질려 벌벌 떨고 있었다. 고리아스는 붙잡혀 있는 피타고라스의 제자들을 내려다보다가 세민이를 보고 말했다.

"오호! 저기 아시아에서 온 괘씸한 꼬마 녀석도 있구나. 저 녀석을 앞으로 끌어내라!"

양팔을 꼼짝 못하게 묶인 세민이가 질질 끌려 나왔다. 세민이의 얼굴은 샛노랗게 변했다.

그때 주철이가 방패면을 벗었다.

"세민이를 풀어 줘요. 세민이는 아무 잘못이 없어요. 날 잡으려 했잖아요."

주철이는 말을 마치자마자 방패면을 옆으로 던지고 붙잡혀 있는 사람들 속으로 성큼성큼 걸어갔다.

다이시스가 이끄는 사람들이 운동장 가운데로 다가왔다. 그것을 본 고리아스가 다시 소리를 질렀다.

"다이시스! 네가 움직이면 이 사람들을 가만두지 않겠다. 난 피타고라스가 누구인지 이미 알고 있다."

혜지가 방패면을 벗어들고 고리아스에게 큰 소리로 외쳤다.

"다이몬이 누구인지 알고 있다고요? 그렇다면 말해 보세요! 만약 아저씨가 틀리면 어쩔 건가요?"

고리아스는 가소롭다는 듯이 껄껄 웃다가 자신 만만하게 외쳤다.

"내가 피타고라스를 찾는다면 어쩔 테냐? 그리스로 데리고 가도록 약속할 수 있겠느냐?"

"좋아요. 다이몬만 찾는다면 그리스로 데리고 가세요. 그러나 다이몬을 찾지 못하면 아저씨 자신이 조용히 그리스로 돌아가겠다고 약속을 하세요."

혜지는 잠시 망설였지만 구덩이 속에 숨어 있는 피타고라스를 고리아스는 절대 찾을 수 없을 것 같았다.

고리아스는 피타고라스 제자들을 내려다보며 외쳤다.

"흰 가운을 입고 있는 세 사람은 저기 벽으로 가서 서라!"

개그놀, 밀로, 보스가 방패면을 쓴 채 벽으로 갔다. 고리아스가 세 사람을 한참이나 보더니 중얼거렸다.

"왜 키가 모두 같지? 아까는 다 달라 보였는데……."

혜지도 세 사람을 보고 놀랐다. 세 사람의 키가 정말 비슷했다. 사실 가장 앞에선 개그놀이 가장 크고, 가운데 선 밀로가 개그놀보다 조금 작았으며, 맨 뒤에 선 보스가 더 작았다.

혜지는 아버지가 보여 준 적이 있는 그림이 떠올랐다.

혜지가 부모님과 제주도에 갔을 때였다.

평평하고 낮은 산봉우리에 자동차가 달리는 넓은 도로가 있었

다. 도로가 아래쪽으로 비탈진 것처럼 보이는데, 둥근 물건을 놓으면 위로 굴러가는 이상한 도로였다.

그래서 사람들은 그 도로를 '도깨비 도로'라고도 하고 '신비의 도로'라고도 했다.

혜지도 그 도로에 음료수 캔을 놓았더니 위쪽으로 굴러가는 것이었다.

"왜 음료수 캔이 밑으로 굴러가지 않고 위로 굴러가지요?"

"이 도로의 주변 환경 때문일 거야."

아버지는 가방에서 《지식의 추구와 수학》이라는 제목의 책을 꺼내더니 혜지에게 그림을 보여 주었다.

"왼쪽 그림을 봐. 세로선과 가로선 중 어느 것이 길지?"

"당연히 세로선이 길죠."

"한 번 재어 보렴? 어느 것이 긴지."

아버지는 가방에서 자를 꺼냈다. 혜지는 자로 재어 보았다.

세로선은 3센티미터였다. 가로선을 재었더니 가로선도 3센티미터였다. 믿을 수가 없어서 다시 재어 보았다. 마찬가지였다. 가로와 세로가 모두 3센티미터였다.

혜지가 고개를 갸웃거리고 있을 때, 혜지 아버지는 오른쪽 그림은 세로선과 가로선이 같아 보이나 가로가 1센티미터 더 길다고 했다.

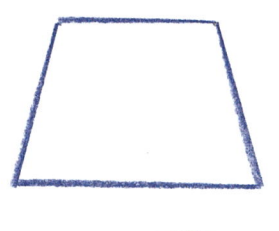

"이 두 개의 사다리꼴 윗변의 길이는 어떠니?"

"이것은 위에 있는 사다리꼴의 윗변의 길이가 길어요."

혜지가 자신 있게 대답했더니, 아버지는 고개를 흔들며 두 개의 사다리꼴 윗변의 길이는 같다고 대답했다.

"이것은 맞출 수 있겠지? 대각선 ab와 ac 중 어느 것이 길어 보이니?"

그림을 본 혜지는 ab의 길이가 더 길어 보였지만 같다고 대답했다.

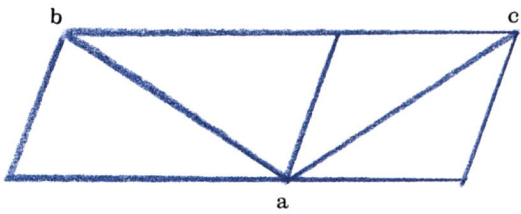

"맞아. 이런 도형은 사람들의 눈을 속이려고 일부러 만든 그림이야."

아버지는 또 다른 그림을 보여 주었다.

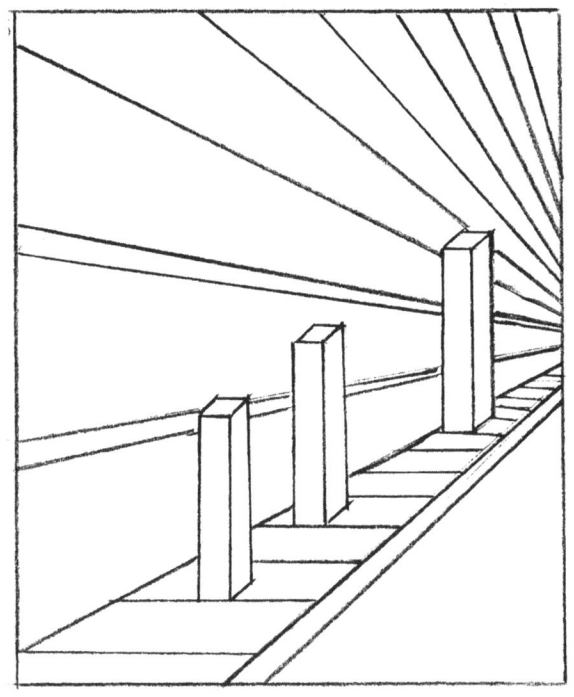

"르네상스 시대의 화가들은 수학을 이용해서 그림을 그리곤 했어. 이 선들은 주변 환경을 그리기 위해 그어진 거야. 어떻게 보이니? 가장 뒤쪽의 사각 기둥이 크게 보이지?"

고리아스를 물리치다

혜지는 아버지가 보여 주었던 그림을 떠올리며 개그놀과 밀로, 그리고 보스가 서 있는 곳을 바라보았다.

교실 바깥벽과 판자로 깔아 놓은 바닥은 아버지가 보여 준 그림과 아주 비슷했다. 그리고 세 사람은 길이가 같은 사각 기둥을 세워 놓은 것처럼 서 있었다. 고리아스가 서 있는 곳에서 세 사람을 본다면 키가 같아 보일 수 있었다.

고리아스가 머뭇거리다가 이윽고 입을 열었다.

"뒤에 있는 흰 가운! 방패면을 벗어 보시지?"

그러자 보스가 앞으로 나와 방패면을 벗었다. 고리아스가 깜짝 놀라 두 손을 휘저었다.

"그럼, 너! 방패면을 벗어 봐!"

고리아스는 엉겁결에 밀로를 가리켰다. 밀로가 천천히 걸어 나왔다.

"고리아스! 네가 내려와 방패면을 직접 벗겨라! 내 손으로 방패면을 벗는다면, 피타고라스가 밀로로 변했다고 믿지 않을 테니까?"

그제서야 고리아스는 속은 것을 깨달았다. 고리아스의 두 주먹이 부들부들 떨렸다.

"피타고라스 제자들의 방패면을 모두 벗겨라! 그렇게 하지 않는다면 다시 싸울 수밖에 없다!"

"안 돼요. 싸움은 안 돼요. 붙잡힌 사람들을 보내 주면 방패면을 벗을게요!"

혜지가 나섰다. 고리아스가 주철이를 보고 잠깐 머뭇거리다가 고개를 끄덕였다.

"그래, 좋다."

주철이를 비롯해 붙들렸던 사람들이 돌아오자 혜지가 피타고라스의 제자들에게 외쳤다.

"모두 방패면을 벗으세요."

피타고라스의 제자들이 하나같이 방패면을 벗었다. 고리아스는 부하들과 함께 직접 피타고라스를 찾으러 나섰다. 그러나 피타고라스는 흔적도 없이 사라지고 없었다. 고리아스는 마지막으로 흰 가운을 입고 방패면을 쓴 밀로와 개그놀 곁으로 다가갔다.

"고리아스 보아라! 네가 방패면을 벗기는 순간 피타고라스는 밀로로 변할 테니까."

고리아스는 밀로의 방패면을 거칠게 벗겨 땅에다 던졌다.

"하하하! 봐라, 밀로로 변했지 않았느냐?"

고리아스가 이번에는 개그놀의 방패면을 벗겼다.

"크르르르릉! 피타고라스가 곰으로 변했다."

화가 머리끝까지 난 고리아스가 칼을 높이 치켜들고 명령을 내렸다.

"전원 전투 대열로!"

고리아스 부하들이 어느 새 피타고라스 제자들을 운동장 한가운데로 몰아넣고 물 샐 틈 없이 에워쌌다.

"밀로! 피타고라스는 어디로 갔느냐? 어서 말해라. 그렇지 않으면 너희 모두를 살려둘 수 없다."

고리아스가 눈을 부릅뜨고 소리를 질렀다. 그러자 밀로가 고리아스에게 비웃듯이 말했다.

"하늘에서 신들이 내려와 다이몬을 모셔 가는 것을 못 보았느냐. 하하하!"

"무슨 돼먹지 못한 소리냐? 어서 바른 대로 말해라. 그렇지 않으면 공격 명령을 내리겠다."

"제우스신이 뭐라고 했는지 아느냐? 비겁한 자는 영원히 꿈을 이루지 못하고, 정의롭고 용감한 자는 신의 도움을 받아 꿈을 이

룰 수 있다고 말했다. 너는 정의롭지 못해 다이몬을 못 보았겠구나!"

"허튼 소리 작작 말고 어서 피타고라스를 내놓아라."

"고리아스! 네가 얼간이고 비겁하다는 말은 오래 전에 들었다. 그렇지만 어린아이와 한 약속을 어길 참인가?"

고리아스는 말문이 막히는지 머뭇거렸다. 다들 밀로와 고리아스를 번갈아 쳐다보았다.

한동안 돌처럼 굳어 있던 고리아스가 주철이와 혜지에게 눈길을 돌렸다. 고리아스는 곧 마음을 굳힌 듯 힘없이 말했다.

"밀로! 이번에는 너희가 이겼다. 다음에 만날 때는 결코 피타고라스를 가만 두지 않겠다. 이제 싸움은 끝났다. 나는 부하들을 이끌고 그리스로 떠나겠다."

밀로는 동굴에서 주철이가 한 말이 생각났다.

"고리아스! 잘 생각했다. 그리스로 돌아가거든 티르마에게 알려라. 이런 싸움보다는 시합으로 대결하자고."

고리아스도 지지 않았다.

"좋다. 그렇다고 운동이나 수학으로 우리를 이길 수 있다는 착각엔 빠지지 않는 게 좋을 거야!"

마침내 고리아스는 부하들을 이끌고 학교를 떠났다.

대단한 발견

고리아스 일당이 물러가고 난 뒤, 크로톤엔 다시금 활기가 넘쳤다.

학교도 다시 열리고, 다른 나라들을 돌아다니던 히파소스도 돌아와 학생들을 가르쳤다. 히파소스는 수학의 원리와 규칙을 찾는 방법을 아주 쉽고 재미있게 일깨워 주었다.

히파소스는 학생들에게 '사각수'에서 규칙을 찾아보라고 했다. 피타고라스도 교실에 들어와 히파소스와 함께 학생들을 가르쳤다.

"모든 만물은 1부터 시작합니다. 사각수도 기본이 되는 점 1부터 시작해요. 점 한 개는 1수, 네 개는 4수, 아홉 개는 9수라 이름을 붙여 보았습니다. 여기에는 여러 규칙이 숨어 있습니다."

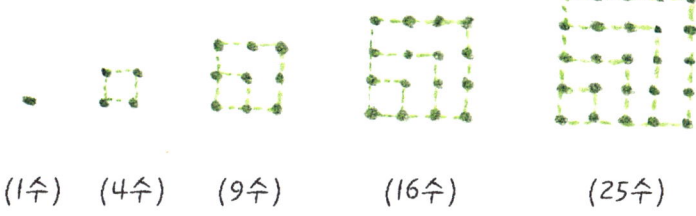

(1수)   (4수)   (9수)   (16수)   (25수)

피타고라스의 말을 듣고 세민이가 손을 들었다.

"점의 수가 1, 4, 9, 16, 25개로 늘어나는데, 그것은 1×1, 2×2, 3×3, 4×4, 5×5의 규칙이 있습니다."

"그렇군. 이 사각수에는 점뿐만 아니라 정사각형의 규칙도 있습니다. 잘 찾아보세요."

수업이 끝나자 아이들은 옹기종기 모여 앉아 그림을 그리며 규칙을 찾아보려 애썼다. 바닥에 그린 그림을 뚫어지게 보던 혜지가 외쳤다.

"야, 있다! 규칙이 있어!"

모두들 혜지를 쳐다보았다.

"16수에서 한 칸짜리 사각형이 아홉 개이니까 3×3=9야. 자, 이렇게 표를 만들어 보자."

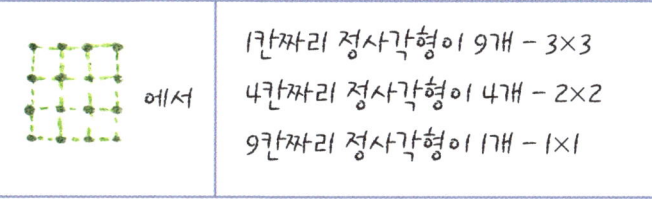

"모두 열 네 개가 나오잖아."

"그렇구나! 우리 다른 것도 해 보자."

혜지가 이번에는 25수 사각수에서 사각형을 그렸다. 한 칸짜리가 열여섯 개(4×4), 네 칸짜리가 아홉 개(3×3), 아홉 칸짜리가 네 개(2×2), 열여섯 칸짜리가 한 개(1×1) 그래서 모두 서른 개의 정사각형이 나왔다.

집에 돌아온 주철이는 내내 정사각형 생각에 사로잡혀 있었다. 정사각형을 더 그릴 수 있을 것 같았다. 그렇지만 머리 속에서 맴돌기만 할 뿐 쉽게 잡히지 않았다.

어느 새 창 밖으로는 별이 하나둘씩 반짝였다. 주철이는 밤하늘을 바라보았다. 작은곰자리가 반짝이고 있었다. 그 순간 주철이의 눈도 반짝였다.

"그래, 바로 마름모꼴이야!"

주철이는 9수의 사각수에서 정사각형을 그렸다. 정사각형이 다섯 개가 아니라 여섯 개가 그려졌다. 16수에서는 스무 개나 됐다. 그렇지만 규칙은 찾을 수가 없었다.

다음 날 수업이 시작되자마자 세민이가 피타고라스에게 말했다.

"사각수에서 정사각형의 개수를 알아낼 수 있는 규칙도 찾았습니다."

세민이가 어제 혜지가 말한 규칙을 거침없이 말했다. 피타고라스도 흐뭇한 얼굴로 고개를 끄덕이며 듣고 있었다. 혜지는 어이가 없었다. 마치 자신이 규칙을 찾기라도 한 것처럼 의기양양하게 말하는 세민이가 이루 말할 수 없이 얄미웠다.

세민이의 설명을 다 들은 뒤에 주철이가 슬그머니 손을 들었다.

"더 그릴 수 있습니다."

"더 그릴 수 있다고? 한번 말해 봐요."

피타고라스가 뭔가 기대하는 눈빛으로 주철이를 바라보았다.

" ▦ 에서 한 칸짜리 사각형이 네 개, 네 칸짜리 사각형이 한 개, 그리고 ◈ 와 같이 마름모꼴의 정사각형이 한 개가 더 있어서 모두 여섯 개가 됩니다."

피타고라스의 눈이 빛났다.

"그럼, 16수의 사각수에서는 정사각형을 몇 개나 그릴 수 있겠나?"

주철이가 그림을 짚어 가며 하나하나 설명했다. 피타고라스는 주철이의 설명에 귀를 기울였다.

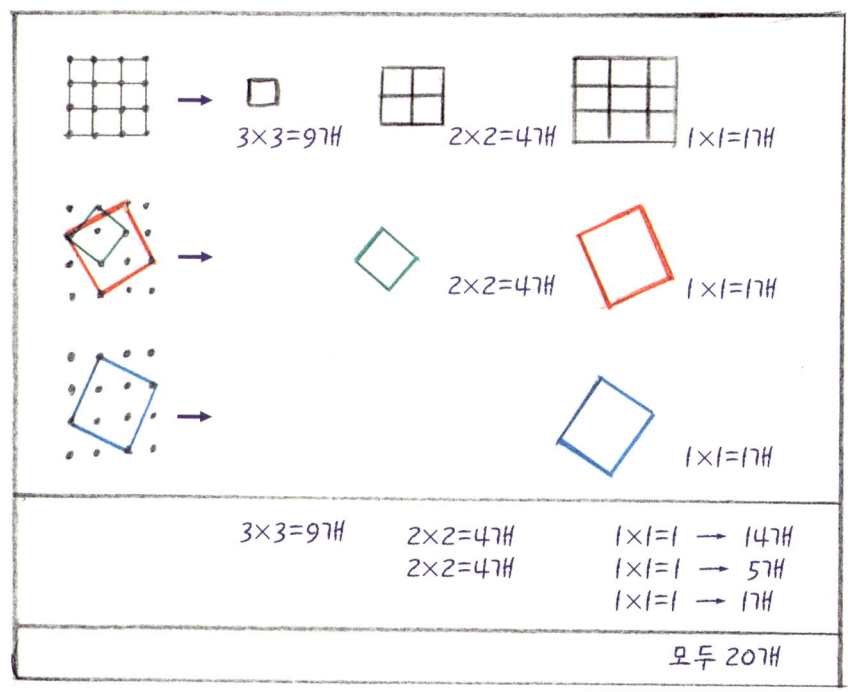

"16수의 사각수에서는 정사각형을 이렇게 20개 그릴 수 있습니다."

피타고라스가 다시 물었다.

"25수의 사각수에서도 그 방법으로 해 보겠는가?"

주철이는 같은 방법으로 설명했다.

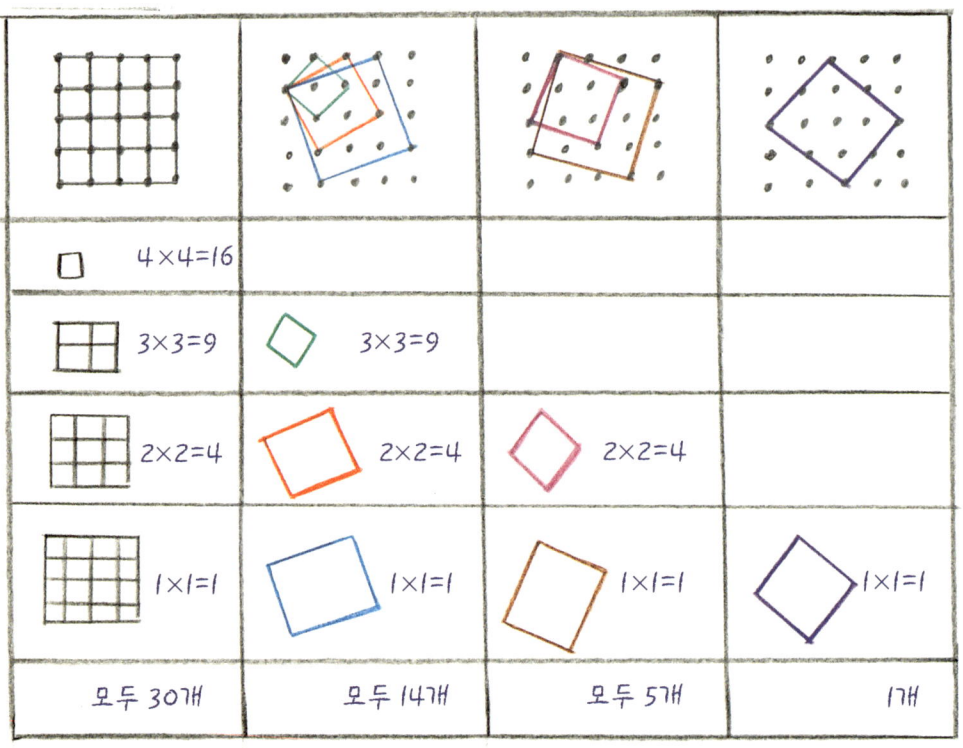

"모두 50개를 그릴 수 있습니다."

피타고라스가 박수를 치며 일어섰다.

"대단해! 대단한 발견이야! 확실한 증명이 필요하지만, 이건 누구도 발견해 내지 못한 규칙이야!"

주철이는 머쓱해져서 어쩔 줄 모르는 얼굴이었다. 혜지는 마치 자신이 문제를 푼 것처럼 속이 시원했고, 자신이 칭찬을 들은 것처럼 기뻤다.

다시 찾아온 고리아스

혜지와 주철이가 크로톤에 온 지도 어느덧 열 달이 넘었다.

요즘 혜지와 주철이, 그리고 릴스는 밀로를 따라 자주 바닷가에 나갔다. 릴스와 밀로는 지나가는 작은 배에도 눈을 떼지 못하고 오랜 시간 바닷가에서 보냈다. 혹시 에그스가 탄 배가 아닐까 하는 마음에서였다. 에그스는 몸이 나아지자 밀로의 심부름으로 배를 타고 멀리 떠났던 것이다.

밀로는 에그스가 착하기는 하지만 너무 무르다고 입버릇처럼 말했다. 더구나 먼 나라에서 꿋꿋하게 살아가는 주철이와 혜지, 그리고 세민이를 보면서 더욱 에그스를 걱정했다.

그러던 어느 날 밀로는 에그스에게 일을 맡겨 보기로 마음먹었다. 그래서 소아시아와 그리스에 팔 올리브 기름, 향료, 포도

주를 가득 실은 배에 에그스를 태운 것이다.

　에그스가 떠난 지 몇 달이 지났다. 떠날 때 선장은 두어 달이면 돌아올 수 있다고 했는데, 배는 좀처럼 돌아오지 않아 다들 애타게 기다리고 있었다.

　"아빠, 저기 큰 배가 보여요. 이쪽으로 다가오는 것 같은데……."

릴스가 수평선 멀리 다가오는 배를 가리키며 말했다.

과연 배는 점점 밀로와 아이들이 서 있는 쪽으로 다가오고 있었다. 배를 한참이나 뚫어지게 보고 있던 밀로가 외쳤다.

"저건 고리아스의 배야. 너희는 지금 집으로 가거라. 난 다이몬을 만나러 갈 테니."

세 아이는 집으로 뛰었다.

릴스는 실망스러운지 입을 다문 채 땅만 바라보았다. 혜지가 릴스의 손을 꼭 잡아 주었다.

밀로는 밤늦게 집으로 돌아왔다.

"고리아스의 배가 맞나요?"

주철이가 물었다.

"그래. 고리아스와 티르마가 시합을 벌이려고 왔다는구나. 정말 그래야 할 텐데……."

밀로는 어두운 얼굴로 말끝을 흐렸다.

다음날, 학교는 티르마 학파와 피타고라스 학파의 제자들로 북적거렸다.

첫날은 두 학파가 수학 문제로 실력을 겨루기로 했다. 문제는 비밀로 되어 있었고, 또 누가 대표로 나갈지 아무도 몰랐다.

곧 대표들의 이름이 불려졌다. 피타고라스 학파에서는 세민이와 테아노가 나갔다. 티르마 학파에서는 남자 어른 둘이 나왔다.

피타고라스와 티르마가 각각 두루마리를 펼쳤다. 피타고라스가 펼친 두루마리에는 배수 문제가 씌어 있었다.

> 이 세상에 존재하는 모든 수 가운데 2, 3, 4, 5, 6, 7, 8, 9의 배수가 되는 가장 작은 자연수를 찾아라.

티르마 학파에서는 25칸짜리 마방진 문제를 냈다.

> 각 칸 안에 1부터 25까지 수를 하나씩 써넣어 가로줄, 세로줄, 대각선의 합이 모두 같도록 하여라.

두루마리가 앞에 걸리자 대표로 나선 네 사람은 곧 문제를 풀어 나갔다.

세민이는 수학 시간에 선생님으로부터 아홉 칸짜리 마방진 문제를 푸는 방법을 배웠었다. 그렇지만 스물다섯 칸짜리 마방진은 처음 보는 문제였다.

세민이는 먼저 잘 알고 있는 아홉 칸짜리 마방진 문제를 풀어 보았다. 각 변 중앙에 한 칸을 늘려서 〈그림 1〉과 같이 그렸다.

늘린 칸부터 대각선으로 1, 2, 3을 쓴 다음 4, 5, 6을 쓰고 7, 8, 9도 써넣었다. 선 밖에 있는 1, 3, 9, 7을 그 줄에서 가장 멀리 있는 빈칸에 〈그림 2〉와 같이 옮겨 썼다. 마방진이 완성되었다.

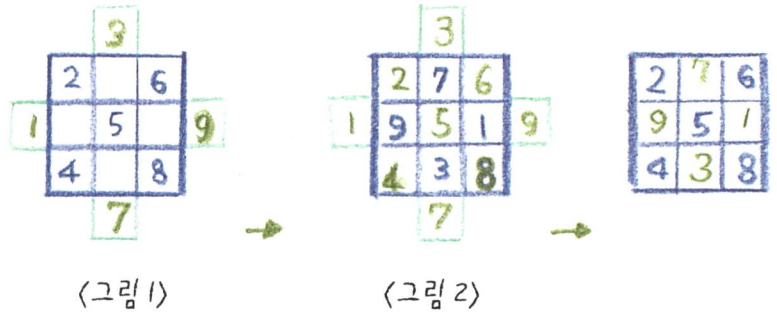

〈그림 1〉   〈그림 2〉

가로, 세로, 대각선 줄의 합이 15가 되었다.

이번엔 스물다섯 칸 짜리 마방진을 그리고, 〈그림 3〉과 같이 1부터 25까지 숫자를 써넣었다.

스물다섯 칸 바깥쪽에 있는 숫자들을 그 줄의 가장 멀리 있는 빈칸에 〈그림 4〉와 같이 옮겨 써넣었다. 〈그림 5〉와 같은 마방진이 완성되었다. 세민이는 각각의 줄의 수를 더하여 보았다. 가로

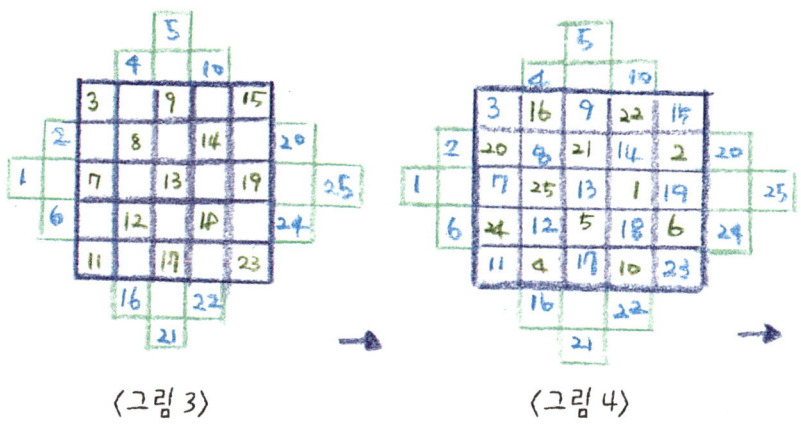

〈그림 3〉   〈그림 4〉

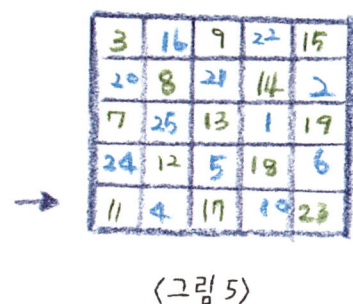

〈그림 5〉

줄, 세로줄은 물론 대각선 줄까지 그 합이 65가 되었다.

세민이는 자리에서 일어섰다.

"다 풀었는데 어떻게 할까요?"

세민이가 너무 빨리 일어나서인지 피타고라스도 놀란 얼굴이었고, 티르마도 엉겁결에 자리를 박차고 일어섰다.

"이리 가져와 보아라!"

티르마가 세민이의 답안지를 보더니 눈을 질끈 감았다. 그 순간 피타고라스는 얼굴 가득 웃음을 띠었다.

세민이가 운동장으로 나오자 다들 우르르 몰려들었다.

보스가 가장 먼저 달려와 물었다.

"문제는 잘 풀었는가?"

"네, 풀었어요. 별 것 아니던데요."

세민이가 자신 있게 대답했다.

혜지와 주철이도 많은 사람들의 틈을 헤집고 들어가 세민이의 어깨를 두드려 주었다. 헤라도 세민이 손을 꼭 잡고 말했다.

"참 잘했어. 네가 자랑스러워."

시간이 꽤 흘렀지만 다른 사람들은 나오지 않았다. 어느덧 티르마 제자들이 술렁거리며 초조한 빛을 감추지 못했다. 마침내 피타고라스와 티르마가 두루마리 시험지를 들고 나왔다.

"피타고라스! 자네가 왜 이런 문제를 냈는지 말해 주게."

티르마가 못마땅한 얼굴로 말했다.

"그러지. 자, 여러분 이 문제는 배수 문제입니다."
피타고라스가 두루마리 시험지를 벽에 걸어 놓고 설명했다.

• 일의 자리가 0이거나 짝수이면 2의 배수가 됩니다.
• 3의 배수는 각 자리의 낱수의 합이 3의 배수이면 됩니다. 예를 들면, 85437은 8+5+4+3+7=27이므로 27은 3×9이기 때문에 3의 배수입니다.
• 4의 배수는 끝의 두 자리 수가 '00' 또는 4의 배수이면 됩니다. 예를 들면, 43700은 끝 두 자리가 '00'이므로 4의 배수이고, 705428은 끝 두 자리 수 '28'이 4의 배수이므로 4의 배수가 됩니다.
• 5의 배수는 일의 자리가 0이거나 5이면 되요.
• 2의 배수도 되고 3의 배수도 되는 수가 6의 배수인데, 먼저 일의 자리의 수가 '0'이거나 짝수이어야 하고, 낱수의 합이 3의 배수면 6의 배수입니다.
• 7의 배수는 일의 자리 숫자를 떼어내어 그 수에 2를 곱한 다음, 빼 가면 알 수 있습니다. 예를 들면 36687의 일의 자리 '7'의 2배, 14를 7을 제외한 수 3668에서 빼면 3654(3668-14=3654)가 나옵니다. 그러면 3654의 일의 자리인 4의 2배는 8이에요. 8을 일의 자리 4를 제외하고 365-8=357입니다. 357의 일의 자리 7의 2배인 14를 35에서 빼면(35-14=21) 21이 나옵니

다. 이 21은 7의 배수이므로 36687은 7의 배수입니다.

• 8의 배수는 끝 세 자리 수만 보면 됩니다. 587000과 같이 끝 세 자리 수가 '000'이거나, 54136에서 끝의 '136'이 8의 배수이면 됩니다.

• 9의 배수는 각 자리의 낱수의 합이 9의 배수이면 됩니다. 예를 들어, 876294는 8+7+6+2+9+4=36이지요. 36은 9의 배수이므로, 876294는 9의 배수가 틀림없습니다.

"그러면 2부터 9까지의 배수가 되는 가장 작은 수는 어떻게 찾는가?"

"5, 7, 8, 9의 배수가 되는 가장 작은 수가 정답이네. 그 수는 5×7×8×9=2520일세."

티르마는 할 말을 잃고 말았다.

"이제 자네가 낸 문제를 설명해 보게."

티르마가 설명을 마치자 누가 이겼는지 곧 판가름이 났다. 피타고라스 학파의 승리였다.

피타고라스의 제자들이 기쁜 나머지 함성을 지르며 세민이에게 달려와 너도나도 세민이를 끌어안았다.

그때 고리아스가 앞으로 나섰다.

"좋습니다. 내일은 운동으로 실력을 겨루겠습니다."

혜지와 릴스, 그리고 주철이가 집으로 돌아왔을 때, 집안에서 큰 소리가 들렸다.

"뭐야! 이번 경기를 져 달라고! 그렇게는 할 수 없어."

밀로가 몹시 화가 난 목소리로 말했다.

"그렇지만 에그스를 생각해야지."

밀로의 말에 대꾸하는 남자의 목소리는 매우 낮았지만 이죽거리는 말투였다.

"고리아스, 그 못된 자식!"

"에그스가 탄 배가 바닷물에 잠길 때 구해 준 사람이 누군데?"

"그래도 난 그렇게는 할 수 없어! 가서 똑똑히 전해. 이 밀로는 그렇게 할 수 없다고!"

"후훗, 그래? 그거야 조금도 어렵지 않지. 내일 보세!"

이야기를 끝내고 문을 벌컥 열며 나온 사람은 뜻밖에도 휴먼이었다. 휴먼은 문 앞에 선 아이들을 보고 흠칫 놀라더니 곧 음흉한 웃음을 흘리며 집밖으로 나갔다.

휴먼이 사라지자 릴스가 부리나케 안으로 뛰어 들어갔다.

"아버지! 오빠가 잡혀 있다고요?"

"그래. 고리아스가 데리고 있다는구나."

릴스는 밀로의 품에 안겨 울음을 터뜨렸다.

시합에 진 밀로

이튿날에도 피타고라스와 티르마가 두루마리를 하나씩 들고 나왔다. 피타고라스가 먼저 입을 열었다.

"운동 경기는 양쪽에서 한 가지씩 제안하기로 했습니다. 양쪽에서 자신 있는 경기 종목을 발표하면, 그 경기에 알맞은 사람을 선수로 뽑겠습니다. 그럼 저희가 먼저 발표하겠습니다."

두루마리를 내리자 절벽 오르기가 나왔다. 이번엔 티르마가 두루마리를 내렸다. 밧줄로 망아지를 잡는 경기였다.

피타고라스 학파 사람들이 모인 곳으로 돌아온 피타고라스가 밀로에게 물었다.

"밀로, 어떻게 하면 좋겠는가? 절벽 오르기는 자네가 하겠지만, 망아지 잡는 경기는 밧줄을 잘 다룰 줄 알아야 할 텐데. 누가 알맞을까?"

밀로가 곰곰이 생각하더니 마음을 굳힌 듯 말했다.

"내가 망아지 잡기 경기에 나가겠습니다. 절벽 오르기는 주철이를 내보내지요. 주철이도 절벽을 잘 오릅니다."

밀로의 말을 듣고 세민이가 주철이에게 속삭였다.

"너 언제 절벽 오르기 해 보았니? 자신 없으면 나가지 마. 너보다 잘하는 사람이 분명히 있을 거야."

주철이는 릴스의 집 뒤에 있는 절벽을 밀로를 따라 여러 번 올랐다. 그때마다 밀로는 주철이에게 절벽을 잘 오른다고 칭찬해 주었다. 그렇지만 경기인 만큼 꼭 이겨야 하므로 주철이는 조금 마음이 약해졌다.

주철이는 머뭇거리다가 혜지를 쳐다보았다. 혜지는 밝은 얼굴로 가만히 고개를 끄덕였다.

"피타고라스, 선수가 결정되었으면 경기를 시작하세!"

티르마가 앞으로 걸어 나왔다. 티르마 뒤로 덩치가 좋은 남자 둘이 따라 나왔다. 피타고라스도 앞으로 나갔다. 주철이는 밀로 뒤를 따라갔다.

"이 선수는 올림픽 경기에서 원반 던지기로 다섯 번이나 우승한 커스터입니다."

티르마가 커스터를 소개하자 티르마 학파에서 '커스터! 커스터!' 하고 외쳤다. 티르마가 손을 올리자 순식간에 조용해졌다.

"이 선수는 밧줄을 한 번 던져 망아지를 네 마리까지 잡은 적이 있는 스크울입니다."

또 다시 티르마 학파에서 '스크울! 스크울!' 하고 소리를 질렀다.

"망아지 잡기는 망아지 열 마리를 운동장에 풀어놓고 누가 많이 잡느냐에 따라 경기의 승패가 판가름 납니다."

티르마가 물러서자 이번엔 피타고라스가 밀로를 소개했다.

"먼저 밀로 씨를 소개합니다. 올림픽에서 열두 번이나 우승했던 선수로, 달리기든 절벽 오르기든 못하는 운동이 없습니다. 이번엔 망아지 잡기 경기에 나가기로 했습니다."

밀로가 고개를 숙여 인사를 했다. 피타고라스 학파에서도 환호와 박수가 터져 나왔다.

피타고라스가 다시 입을 열었다.

"다음 선수는 절벽 오르기에 나갈 주철 군입니다. 나이는 어리지만 몸이 몹시 날쌔고, 태권도라는 무술에도 뛰어납니다. 주철 군은 우리에게 꼭 승리를 안겨 줄 것입니다."

"야! 꼬마야, 조심해라! 떨어지면 뼈도 못 추린다."

티르마 학파에서 누군가 이렇게 외치자 한동안 웃음소리로 시끌벅적했다.

주철이는 저들이 자신을 우습게 볼 것이라는 걸 벌써 알고 있었으므로 별로 겁을 먹지는 않았다. 밀로가 조금도 흔들리지 않

고 의젓하게 서 있는 주철이의 등을 가볍게 두드려 주었다.

먼저 망아지 잡기 경기를 하기로 했다.

벌써 운동장 한쪽에서는 고삐 풀린 망아지들이 울타리를 뛰어 넘으려고 이리 뛰고 저리 뛰고 했다. 두 학파 사람들이 운동장 가장자리로 빙 둘러섰다.

밀로와 스크울은 손에 줄을 쥐고 신호를 기다렸다. 드디어 신호가 울리자 망아지를 가두어 두었던 울타리 문이 활짝 열렸다. 열 마리의 망아지들이 운동장으로 뛰어나왔다. 밀로와 스크울은 쏜살같이 망아지 쪽으로 뛰어갔다.

발은 밀로가 훨씬 빨랐다. 밀로가 망아지 곁으로 다가가서 줄을 던지자 단번에 망아지가 줄에 걸렸다. 밀로가 망아지를 울타리로 밀어 넣었다. 스크울도 줄을 던져 망아지 목에 걸고 울타리로 몰았다.

망아지들은 운동장이 좁다는 듯이 이리저리 뛰어다녔다. 밀로가 또 한 마리의 망아지를 잡아 울타리 속에 밀어 넣었다.

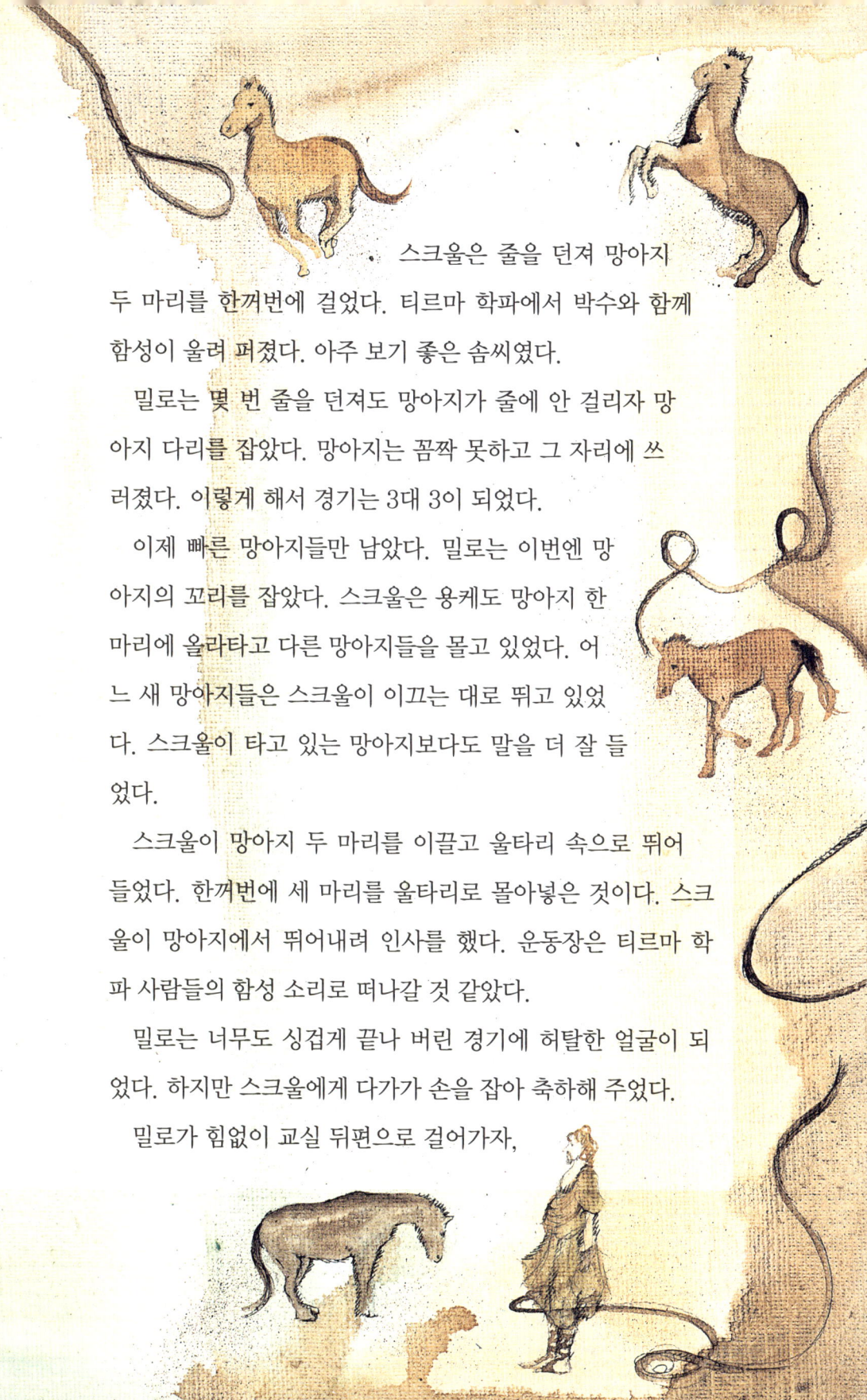

 스크울은 줄을 던져 망아지 두 마리를 한꺼번에 걸었다. 티르마 학파에서 박수와 함께 함성이 울려 퍼졌다. 아주 보기 좋은 솜씨였다.

 밀로는 몇 번 줄을 던져도 망아지가 줄에 안 걸리자 망아지 다리를 잡았다. 망아지는 꼼짝 못하고 그 자리에 쓰러졌다. 이렇게 해서 경기는 3대 3이 되었다.

 이제 빠른 망아지들만 남았다. 밀로는 이번엔 망아지의 꼬리를 잡았다. 스크울은 용케도 망아지 한 마리에 올라타고 다른 망아지들을 몰고 있었다. 어느 새 망아지들은 스크울이 이끄는 대로 뛰고 있었다. 스크울이 타고 있는 망아지보다도 말을 더 잘 들었다.

 스크울이 망아지 두 마리를 이끌고 울타리 속으로 뛰어들었다. 한꺼번에 세 마리를 울타리로 몰아넣은 것이다. 스크울이 망아지에서 뛰어내려 인사를 했다. 운동장은 티르마 학파 사람들의 함성 소리로 떠나갈 것 같았다.

 밀로는 너무도 싱겁게 끝나 버린 경기에 허탈한 얼굴이 되었다. 하지만 스크울에게 다가가 손을 잡아 축하해 주었다.

 밀로가 힘없이 교실 뒤편으로 걸어가자,

주철이도 그 뒤를 따라갔다. 교실 모퉁이를 돌자 밀로의 뒷모습이 보였다.

"고맙네. 자네 아들을 돌려보내 주겠네. 절벽 타기도 져 주리라 믿네."

고리아스의 목소리였다.

그 순간 밀로는 한 손을 고리아스의 다리 사이에 넣고 한 손은 목덜미를 잡더니 바닥에 던져 버렸다. 눈 깜짝할 사이에 벌어진 일이었다. 마음을 놓고 있던 고리아스는 외마디 소리를 지르며 바닥에 뒹굴었다.

"넌 날 잘못 보았어! 내가 그렇게 비겁한 줄 아느냐?"

밀로가 돌아서다가 주철이를 보고는 말했다.

"미안하다. 너에게 너무 무거운 책임을 주었어."

"에그스는 어떻게 하고요?"

"에그스는 걱정하지 말고 꼭 이기겠다고 약속을 해라."

주철이는 무슨 말을 더 하고 싶었지만 밀로의 타는 듯한 눈빛에 입을 다물고 말았다.

주철아, 위험해!

절벽 아래에는 수많은 사람들이 모여 있었다.

커스터는 가느다랗고 긴 밧줄을 목에 걸고, 칼과 망치, 쇠말뚝을 허리에 찬 채 앞으로 나왔다. 커스터를 보고 티르마 학파 사람들이 환호성을 질렀다. 그러자 피타고라스의 제자들은 더욱 걱정스러운 눈으로 주철이를 바라보았다.

신호가 울리자 커스터와 주철이가 쏜살같이 절벽으로 뛰어갔다. 처음엔 경사가 심하지만 풀이나 키 작은 나무들이 자라고 있어 그래도 오르기가 쉬웠다. 하지만 얼마 지나지 않아 경사가 가파르면서도 풀 한 포기 없는 바위 절벽이 나왔다.

커스터는 옆구리에 차고 있던 망치로 쇠말뚝을 박으며 올라갔다. 주철이도 빠른 속도로 절벽을 올랐다. 어느덧 커스터가 점점 뒤떨어졌다.

"주철아, 위험해!"

혜지의 목소리가 멀리서 들렸다. 주철이가 고개를 돌려 내려다보니 혜지의 얼굴이 희미하게 보였다.

그때였다. 주철이 얼굴에 무엇인가 스치고 지나가는 것이 있었다. 아주 짧은 순간이었다. 몸이 휘청했다. 발버둥을 쳤지만 도저히 몸의 균형을 잡을 수가 없었다. 절벽 아래에서 사람들의 함성 소리가 희미하게 들렸다.

주철이가 절벽에서 떨어져 내리는 것을 본 밀로는 재빨리 절벽으로 뛰어 올랐다.

"안 돼! 주철아, 안 돼!"

혜지도 울부짖으며 밀로의 뒤를 따라 절벽으로 뛰어올랐다. 밀로는 단숨에 주철이가 떨어진 곳까지 올라갔다. 다행히도 주철이는 풀숲 위에 떨어져 있었다. 밀로는 쓰러져 있는 주철이의 몸을 살펴보았다. 크게 다친 데는 없어 보였다.

밀로는 주철이의 웃옷을 젖히고 가슴에 귀를 대어 보았다. 심장 소리가 들렸다. 가느다란 숨결도 느낄 수 있었다.

절벽 바로 밑에서 비명 소리가 들려왔다. 밀로가 내려다보니 혜지가 절벽에서 더 오르지 못하고 떨고 있었다. 밀로는 주철이 목에 걸려 있는 줄을 풀어서 아래로 던져 혜지를 끌어 올렸다.

"주철아! 주철아! 어서 눈을 떠! 눈을 뜨고 나를 보란 말이야!"

혜지는 울면서 주철이를 마구 흔들었다. 혜지는 주철이가 떨어지는 것을 보자 머리 속이 하얘지는 것 같았다. 아무 생각도 나지 않았다. 오직 주철이에게 가야 한다는 생각뿐이었다.

"죽어선 안 돼. 죽으면 안 돼!"

혜지는 눈물을 흘리며 주철이를 계속 흔들었다. 그때 주철이가 가느다란 신음 소리와 함께 몸을 비틀다가 눈을 떴다. 주철이는 눈앞에 보이는 혜지 얼굴을 보고 화들짝 놀랐다.

"혜지야! 네 얼굴이 왜 그래? 왜 그렇게 많이 다쳤어?"

혜지는 절벽을 오르면서 긁혀 얼굴에 피가 맺혀 있었다. 주철이는 몸을 일으키려 안간힘을 썼다.

"나는 괜찮아. 이 바보야! 너 진짜 살아난 거야?"

혜지는 울음을 터트렸다. 주철이는 여전히 놀란 얼굴로 혜지 얼굴에 묻어 있는 핏자국을 닦아 주었다.

혜지의 온몸은 상처 투성이었다. 다른 사람들은 오를 생각도 못할 가파른 절벽을 기어 올라왔으니 얼굴이고 온몸이 성할 리 없었다.

주철이가 절벽 위를 올려다보았다. 아무도 보이지 않았다.

"어서 내려가자. 커스터가 부정을 저질렀어."

밀로가 일어서며 말했다.

주철이는 그제야 절벽을 오르던 일이 생각났다.

"아니에요. 경기를 끝까지 치르겠어요."

주철이는 자리에서 벌떡 일어나 쏜살같이 절벽을 오르기 시작했다. 얼마나 빨리 오르는지 밀로도 막을 수가 없었다.

커스터는 정상까지 10미터도 남겨 놓지 않고 있었다. 주철이가 날개가 있어 날아간다 할지라도 커스터를 앞지를 수는 없었다. 다만 커스터가 독수리 둥지 쪽으로 가기를 바랄 뿐이었다.

독수리 둥지는 정상 바로 아래에 있었다. 바위가 기와집의 높은 처마 밑과 같이 생겼는데, 옴폭 패인 곳이 있어 독수리 한 쌍이 둥지를 틀고 살고 있었다. 아래쪽에서 오르기도 힘들지만 일단 그 곳에 오르면 어느 누구라도 더 이상 오르지 못하고 위험에 빠지는 곳이다.

주철이는 위험하지만 가파른 지름길을 골랐다. 주철이가 다시 빠르게 절벽을 오르자 피타고라스 제자들이 함성을 질렀다. 주철이는 더욱 힘을 냈다. 정신없이 절벽을 오르다 보니 어느 새 커스터 옆이었다. 역시 커스터는 독수리 둥지에서 더 이상 오르지 못하고 바위틈에 손을 끼운 채 가까스로 버티고 있었다.

커스터가 들릴 듯 말 듯한 목소리로 주철이에게 사정을 했다.

"내가 잘못했네. 자네를 절벽 밑으로 조금만 끌어내리려고 했던 건데, 자네가 그렇게 떨어질 줄은 몰랐네. 나 좀 구해 주게."

주철이는 자신의 목숨을 잃게 할 뻔했던 커스터이지만 겁에 질려 떨고 있으니 마음이 흔들렸다.

"줄을 주세요. 위에서 끌어올려 주겠어요."

"줄은 하나밖에 없었네. 아까 자네를 끌어내리면서……."

주철이는 커스터를 안타깝게 바라보았다.

커스터는 주철이를 도저히 이길 수 없다는 것을 알았다. 커스터는 목에 걸고 있던 밧줄을 던져 주철이 몸에 걸리자 힘껏 낚아챘다. 그 바람에 주철이는 절벽에서 떨어졌던 것이다.

주철이가 마침내 정상에 올랐다. 절벽 밑에서는 큰 함성이 들려왔다. 주철이는 손을 한 번 흔들어 주고는 곧 주변의 줄기식물로 줄을 만들어 커스터에게 내려주었다. 커스터는 가까스로 정상에 올랐다.

바로 그때 절벽 아래에서 아우성 소리와 함께 칼날이 부딪히는 소리가 들려왔다. 사방에서 빛이 번쩍거렸다. 고리아스가 부하들을 이끌고 피타고라스 학파 사람들을 공격하고 있었다.

아래를 바라보고 있는 주철이 옆으로 커스터가 다가섰다. 커스터의 손에는 어느 새 칼이 들려 있었다.

"꼬마 친구! 아래는 보나마나야. 우리도 이 멋진 곳에서 한 판 겨뤄 볼까?"

주철이는 뒤통수를 맞은 것 같았다.

"목숨을 살려 준 은혜를 이렇게 갚을 건가요?"

커스터는 여전히 칼을 들어 주철이를 겨누었다. 커스터에겐 이제 아무 말도 필요 없어 보였다.

주철이는 쏜살같이 절벽 반대쪽 숲으로 뛰어들었다. 커스터가 쫓아오긴 했지만 나무가 울창한 숲에서 다람쥐처럼 재빨리 뛰는 주철이를 뒤쫓기란 쉽지 않았다.

세민이의 눈물

"밀로! 피타고라스와 함께 어서 나오너라! 빨리 나오지 않으면 집에 불을 지르겠다."

고리아스의 목소리였다. 고리아스 부하들이 밀로의 집을 겹겹이 에워싸고 있었다. 고리아스의 공격을 피해 밀로는 사람들을 이끌고 자신의 집으로 갔던 것이다.

"고리아스! 경기에 졌으면 깨끗하게 물러나야 옳지 않은가!"

"그럼, 네 아들 에그스를 돌려보낼 수 없다. 네가 얼마나 버티나 보자. 모두 듣거라! 지금 당장 마른풀과 장작을 집 주위에 쌓아라!"

고리아스의 명령이 떨어지자 고리아스의 부하들이 부지런히 움직이기 시작했다.

주철이는 살금살금 울타리를 넘었다. 그때 주철이의 팔을 누군가 잡아끌었다. 릴스였다. 릴스의 손에 이끌려 들어간 풀숲에는 혜지가 있었다.

"너희는 어떻게 여기에 있는 거야?"

"우린 고리아스 부하들에게 쫓겨 여기 숨을 수밖에 없었어."

세 아이는 어두운 풀숲에 몸을 숨겼다.

"불을 질러라!"

고리아스의 명령이 떨어지자 어둠 속에서 불길이 무섭게 솟았다. 불길은 순식간에 번졌다. 릴스가 발을 동동 굴렀다. 집안에서는 사람들의 비명 소리가 흘러나왔다.

주철이가 주저앉아 울부짖는 릴스의 어깨를 잡고 흔들었다.

"집으로 들어가는 비밀 통로가 있다고 했잖아. 잘 생각해 봐!"

주철이 말에 릴스는 울음을 그치고 벌떡 일어나 숲으로 뛰어갔다. 릴스는 숲 안쪽에 있는 바위 앞에 섰다. 바위 밑으로 좁은 통로가 보였다. 한 사람이 겨우 드나들 수 있어 보였다. 주철이는 주저하지 않고 들어섰다.

통로 안에는 아무 것도 보이지 않았다. 아이들은 비밀 통로로 들어가는 동안 몇 번이고 나뒹굴었다. 주철이는 뾰족뾰족한 동굴 벽면을 손으로 만지면서 어림잡아 들어갔다.

안으로 들어갈수록 찬 공기가 휩싸인 넓은 동굴이 나왔다. 동굴 안쪽에서 컹컹 울리는 소리가 메아리쳐 들렸다. 무서움과 찬 기운이 몸에 스며들었다. 세 아이는 제자리에 멈추었다.

"저 소리는 아빠가 지하실 문을 부수고 있는 소리가 분명해."

"왜 문을 부수니? 열고 나오지 않고."

"문을 밖에서 막아 두었거든. 작년에 오빠가 아버지에게 꾸중을 듣고 지하실 문으로 나왔다가 크게 다친 다음부터 안에서 열지 못하도록 막아 둔 거야."

세 아이는 컹컹 울리는 소리를 따라 계속 앞으로 나아갔다. 그런데 곧 컹컹 울리는 소리가 그쳤다.

"지하실 문을 다 부순 모양이야. 우리 여기에서 소리쳐 보자."

세 아이는 '여기요' 하고 소리쳤지만, '여기요' 하는 메아리만 동굴을 컹컹 울리며 되돌아왔다. 세 아이는 앞으로 계속 나아갔다. 한참을 가니 평평한 곳이 나타났다. 릴스가 소리를 쳤다.

"문이다! 이 빗장을 치워 봐!"

육중한 문에는 크고 두터운 나무가 가로질러 있었다. 세 아이들은 온 힘을 다해 빗장을 거두어 냈다. 주철이가 지하실 문을 열었다. 검은 연기와 메케한 냄새가 앞으로 확 달려들었다. 도저히 숨을 쉴 수가 없었다.

주철이가 앞장을 섰다. 지하 방에는 사람들이 쓰러져 있었다. 주철이는 지하 통로 쪽으로 사람들을 끌어냈다.

식당에서도 사람 소리가 들리는 것 같았다. 주철이가 식당으로 뛰어들었다. 식당은 연기로 가득 차 있었다. 개그놀이 창문으로 넘어 오는 불을 막아내고 있었다.

"개그놀! 여기에요! 이쪽으로 피해요."

식당에도 사람들이 쓰러져 있었다. 주철이와 개그놀이 쓰러진 사람들을 지하실로 정신없이 끌어내렸다. 주철이가 다시 식당으로 뛰어들 즈음 개그놀이 빈손으로 내려왔다.

"식당엔 사람이 없어요?"

"한 사람도 없어."

릴스와 혜지도 정신이 드는 사람들을 지하 동굴로 안내했다. 밀로가 정신이 드는지 등에 불을 밝혔다. 주철이가 사람들을 둘러보았다. 그런데 세민이가 보이질 않았다.

주철이는 다시 식당으로 뛰어갔다. 불길은 거세게 식당을 휘감고 있었다. 도저히 들어갈 수 없었다. 주철이는 식당에 있던 물통을 머리에 끼었고 불길 속으로 뛰어들었다. 식당 바로 옆에 붙어 있는 목욕탕 문을 열었다.

검은 연기 속에 사람이 눈에 띄었다. 세민이었다. 세민이는 물 속에 몸을 담그고 있었지만 전혀 움직임이 없었다. 정신을 잃은 것이 분명했다. 주철이는 바닥에 있는 천을 세민이 머리에 씌우고 불길을 헤쳐 나갔다.

그 순간 식당 천장이 무너져 내렸다. 주철이는 떨어지는 나무 토막을 한 손으로 막았다. 팔이 저려 왔다. 주철이가 머뭇거릴 틈 없이 세민이를 지하 방으로 밀어 내는 순간 무언가에 머리를

맞고 정신을 잃고 말았다.

주철이가 눈을 떴을 때는 푸른 나뭇잎이 아침 햇살을 가로막고 있었다.

"이제 정신이 드느냐?"

밀로였다.

"세민이는 어떻게 됐어요?"

"아직은 깨어나지 않았어. 기다려 보자."

세민이는 얼굴이 시커멓게 그을린 채 눈을 꼭 감고 있어 죽었는지 살았는지 알 수 없었다.

"아저씨, 세민이를 살려 주세요."

주철이가 울부짖었다. 주철이를 지켜보고 있던 혜지도 말없이 눈물만 흘리고 있었다.

밀로가 가까스로 몸을 일으키며 말했다.

"어서 이곳을 떠나자. 다친 사람은 부축하고."

밀로가 앞장을 서고 모두들 뒤를 따랐다. 산으로 오르며 아래를 내려다보니 릴스의 집은 다 타 버려 남아 있던 집 기둥도 곧 무너져 내릴 듯했다.

사람들은 가파른 길을 한참이나 걸어서 산 위로 올라갔다. 혼자 몸으로 오르기도 힘든 산인데 다친 사람들을 부축하고 오르느라 다들 몹시 지쳐 있었다. 이윽고 커다란 동굴이 보였다.

"여기서 몸을 피하기로 하지요."

밀로가 발걸음을 멈추고 사람들에게 말했다.

동굴 입구는 좁고 돌이 많았다. 하지만 동굴 앞에 서면 멀리 바다까지도 한눈에 들어올 만큼 앞이 탁 트여 있었다.

밀로와 개그놀은 아직 깨어나지 못한 피타고라스와 세민이를 업고 먼저 동굴 안으로 들어갔다. 동굴은 안으로 들어갈수록 점점 넓어졌다. 동굴 안쪽에서는 물 흐르는 소리가 크게 들렸다.

밀로는 피타고라스와 세민이를 바닥에 눕히고 밖에서 날아 온 나뭇가지를 모아 불을 피웠다.

따뜻한 기운이 퍼지자 다들 몸이 풀리면서 배도 고파 왔다.

"해가 지면 마을에 내려가겠습니다. 필요한 것이 있으면 말해 보세요."

밀로가 축 늘어져 있는 사람들에게 기운을 북돋아 주려고 일부러 활기차게 말했다.

주철이는 줄곧 세민이 곁을 지켰다.

세민이의 숨소리가 매우 거칠었다. 주철이가 세민이의 손을 잡았다. 세민이의 손이 뜨거웠다. 이번엔 세민이의 이마에 손을 대어 보았다. 역시 뜨거웠다.

"큰일났어요. 세민이 몸이 불덩이예요."

밀로와 혜지가 다가왔다. 밀로는 세민이의 이마를 만져 보고 눈동자를 들여다보았다.

"어때요. 괜찮을까요?"

밀로는 대답 대신 입고 있던 옷을 찢더니 물이 흐르는 곳으로 가서 흠뻑 적셔 왔다. 그리고는 세민이의 머리 위에 올려놓았다.

천이 미지근해지자 주철이가 천을 들고 물이 있는 곳으로 갔다. 혜지는 마음이 답답해 동굴 밖으로 뛰쳐나갔다.

"혜지야! 세민이가 깨어났어. 빨리 와 봐!"

릴스가 동굴에서 뛰어나와 외쳤다.

세민이는 뛰어들어온 혜지를 바라보았다.

"어떻게 된······거지······. 여기가 어디······."

"세민아! 고마워. 깨어나서 정말 고마워."

혜지는 세민이의 손을 잡고 울먹였다.

"주철이는?"

"바보야! 주철이가 아니었으면 넌 불에 타 죽었을 거야. 주철이가 너를 구해 냈어."

"그랬구나. 나는······ 늘······ 주철이를······ 미워했었는데."

어느 새 주철이가 다가와 세민이의 손을 잡았다.

"주철아!"

"세민아! 괜찮아?"

세민이가 고개를 끄덕였다. 세민이의 눈에서 눈물이 흘렀다.

"미안해. 그 동안 내가 잘못했어."

"아니야. 내가 잘못했어. 나도 너를 미워했어."

주철이도 사실 잘난 체 잘하고 걸핏하면 자신을 업신여기는 세민이가 미웠다.

"아니야. 내가 너를 미워하지만 않았어도……. 그리고 여태까지 네가 풀어낸 수학 문제들은 다 내가 가로챘잖아. 난 그냥 너보다 잘하고 싶어서……. 다이몬에게 인정받으려고 그랬어. 미안해."

세민이는 오랫동안 주철이의 손을 놓을 줄 몰랐다.

다시 연구실로

동굴에서 지낸 지 며칠이 지났다.

피타고라스와 세민이도 몸이 많이 좋아졌다.

피타고라스 제자들이 조심스럽게 동굴을 드나들며 먹을 것을 비롯한 여러 가지 물건을 가져다주었다. 고리아스의 움직임도 빠짐없이 전해주었다.

그러던 어느 날이었다. 멀리서 몇 사람이 동굴로 허겁지겁 뛰어오고 있었다. 그들은 마을에서 고리아스의 움직임을 살피던 피타고라스의 제자들이었다.

"고리아스가 동굴로 오고 있어요. 부하들을 데리고요."

그들은 동굴에 들어서자마자 겁에 질려 밀로에게 말했다.

이런 날이 언젠가는 올 거라고 알고는 있었지만, 막상 고리아스가 온다는 말에 다들 얼굴이 어두워졌다.

피타고라스가 사람들을 둘러보더니 입을 열었다.

"나 한 사람 때문에 많은 사람들을 다치게 할 수는 없습니다. 내가 여기서 고리아스를 만나겠습니다. 여러분은 떠나세요."

"전 이곳에 다이몬과 함께 남을 겁니다."

테아노가 떨리는 목소리로 말했다.

"나도 갈 수 없어요. 여기 남아 싸우겠습니다."

히파소스도 나섰다.

밀로가 어쩔 수 없다는 듯이 피타고라스를 한번 쳐다보았다. 피타고라스는 눈을 꼭 감고 있었다.

주철이가 개그놀과 함께 땔감을 동굴 앞에 쌓고 있었다. 그것을 본 밀로가 물었다.

"왜 땔감을 쌓고 있지?"

"고리아스가 가장 먼저 동굴로 쳐들어 올 것 같아 불을 질러 혼을 빼 주려고요."

"흐음, 좋은 생각이야."

동굴 앞은 밀로와 개그놀, 주철이, 그리고 마을에서 온 피타고라스의 제자들이 지키기로 했다. 나머지 사람들은 동굴 아래 바위틈에 숨었다.

과연 오래지 않아 고리아스와 그의 부하들이 동굴을 향해 소리 없이 다가왔다. 동굴 가까이 이르자 모두 제자리에 섰다. 고리아스가 손짓을 보내자 몇 십 명이 동굴 속으로 들어갔다. 나머지는 밀로가 숨어 있는 바로 앞에서 재빠르게 엎드렸다. 고리아스가 동굴을 향해 외쳤다.

"피타고라스와 밀로는 들어라! 너희는 완전히 사로잡혔다. 어서 나와라!"

그때 동굴 바로 앞에서 불길이 솟았다. 바람을 타고 불길은 눈 깜짝할 사이에 동굴을 삼켜 버렸다. 당황한 고리아스가 부하들에게 명령했다.

"불을 꺼라! 불을 꺼!"

고리아스의 말이 끝나기도 전에 '윙윙' 하는 소리가 들렸다. 밀로가 네 가닥으로 된 줄을 돌리고 있었다. 여기저기서 비명소리가 들렸다. 개그놀도 밀로가 준 줄을 힘껏 돌렸다. 고리아스 부하들은 줄을 피하느라 뒤로 물러설 뿐이었다.

갑작스럽게 당한 고리아스의 부하들은 앞 다투어 산 아래로 도망쳤다. 하지만 앞에서 수많은 피타고라스 제자들이 가로막았다. 고리아스 부하들은 다시 산 위로 뛰어올랐다. 산 위에서는 기다렸다는 듯이 밀로와 개그놀이 줄을 돌리며 다가왔다. 고리아스 부하들은 이러지도 저러지도 못하고 바닥에 엎드렸다.

"밀로! 나, 고리아스다! 내가 항복한다. 이제 그만 해라!"

고리아스가 두 손을 들고 밀로 앞으로 나왔다.

밀로는 밧줄로 고리아스의 두 팔을 단단히 묶었다.

"에그스는 어디에 있나?"

"지금 배에 갇혀 있네."

밀로와 많은 사람들이 고리아스와 그의 부하들을 끌고 바닷가로 갔다. 에그스는 과연 배에 갇혀 있었다. 해쓱해진 에그스의 얼굴에서 그 동안 얼마나 힘든 나날을 보냈는지 알 수 있었다.

릴스와 테아노가 에그스를 끌어안았다. 에그스는 릴스와 테아노, 그리고 밀로의 품에 안겨 기쁨의 눈물을 흘렸다.

밀로가 고리아스에게 말했다.

"고리아스! 널 풀어 주겠다. 다시는 이곳에 나타나지 말라."

밀로의 말이 떨어지자 피타고라스 제자들이 고리아스를 묶은 줄을 풀어 주었다. 하지만 고리아스는 그 자리에 선 채 발길을 떼지 못하고 한동안 밀로를 바라보았다.

"밀로! 그 동안 내가 잘못했네. 자네와 모든 사람들에게 용서를 비네."

밀로가 고리아스에게 손을 내밀었다. 고리아스는 밀로의 손을 잡더니 밀로의 어깨를 힘껏 부여잡고 흔들었다. 눈이 붉어져 있었다. 고리아스는 주철이에게도 손을 내밀었다.

"네 이름이 주철이라고 했지? 넌 작은 거인이야. 잘 있거라."

주철이가 고개를 숙였다.

그때 주철이는 손바닥이 따뜻해지는 걸 느꼈다. 혜지와 세민이도 자신들의 손바닥을 들여다보았다.

'시공의 문이 열렸다. 떠날 시간이다! 준비하라!'

손바닥에서 글씨가 나타났다가 사라지고 있었다.

세 아이는 곧바로 TMT의 메시지라는 것을 알 수 있었다. 얼마나 기다리던 메시지인가. 막상 메시지를 보자 심장이 멎는 것 같았다. 모두들 손바닥을 들여다보고 있는 혜지와 주철, 그리고 세민 곁으로 다가왔다.

이윽고 혜지가 깊게 숨을 내쉬고는 말했다.

"우린 이제 이곳을 떠나야 해요."

"무슨 말이야? 이곳을 떠나다니?"

밀로가 물었다.

혜지는 TMT를 타고 이곳에 온 이야기를 했다. 모두 혜지의 말에 놀라고 어리둥절해했다.

릴스가 혜지의 손을 잡았다.

"지금 떠난다고? 안 돼! 이제 고리아스도 떠나고, 앞으로 재미있게 수학 공부를 할 수 있는데……."

릴스는 말을 잇지 못하고 눈물을 흘렸다. 혜지도 눈에 눈물이 맺혔다.

세민이가 피타고라스 앞으로 가서 고개를 숙였다.

"선생님, 고맙습니다. 수학은 원리와 규칙 속에서 존재한다는 것을 깨닫게 해 주셨어요."

"흐음, 자네들 시대엔 어떤 수학을 배우는지 듣지 못해 아쉬운 걸."

밀로가 주철이를 껴안았다.

"자네를 다시 볼 수 있을까? 여기 있는 동안 고생만 하고."

"올 수만 있다면 다시 오고 싶어요. 그 동안 저희를 잘 보살펴 줘서 고맙습니다."

"잘 가게. 자넬 잊을 수가 없을 걸세."

"저도 아저씨를 잊지 못할 거예요."

헤라가 세민이의 손을 꼭 잡았다. 헤라는 세민이의 얼굴만 쳐다볼 뿐 말이 없었다.

'곧 시공간의 문이 닫힌다!'

또 다시 세 아이의 손에 문자가 나타났다가 사라졌다. 문자가 사라지는 순간 세 아이의 손과 얼굴이 빨갛게 변했다. 세 아이는 가슴이 답답하고 정신이 몽롱해져 견딜 수가 없었다.

붉은 터널이 보였다. 주철이와 혜지, 세민이는 터널 속으로 빨려 들어갔다. 그때 사각 화면이 나타나고 05:45:45라는 숫자가 보였다. 멀리서 문을 두드리는 소리가 들렸다.

"야! TMT실이야. 봐!"

세민이가 외쳤다. 혜지와 주철이도 사방을 둘러보았다. 세 아이가 서 있는 곳은 바로 혜지 아빠의 기계실이었다. 컴퓨터는 그대로 켜져 있었다. 그리스로 떠날 때 그대로였다. 그때 TMT 문이 열렸다.

"혜지야!"

혜지의 엄마와 아빠가 달려 들어와 혜지를 끌어안았다.

세민이도 부모님 품으로 뛰어들었다. 주철이도 엄마와 주훈이를 힘껏 끌어안았다. 연구실 안에는 사람들로 가득 차 있었다. 경찰관도 보였고, 담임 선생님도 한쪽에 서서 웃고 계셨다.

"너희, TMT를 타고 여행한 기분이 어땠니?"

혜지 아빠가 세 아이에게 물었다.

"교수님! 고마워요. 이렇게 집으로 올 수 있도록 해 주셔서."

주철이가 엄마 품에서 빠져 나와 대답했다.

"그럼, 몰랐었니? 아홉 시간이 지나면 올 수 있다는 것을."

"아홉 시간이라고요? 일 년이 지났는데요!"

아이들은 어리둥절한 얼굴로 서로 쳐다보았다.

"일 년을 아홉 시간으로 압축한 거야. 너희는 어제 저녁부터 TMT에서 공부를 했던 거야. 앞으론 한 시간으로 압축할 거지만."

세민이가 엄마 손을 놓고 주철이에게 다가와 손을 내밀었다.

"주철아, 고마워! 넌 정말 좋은 친구야!"

주철이도 세민이의 두 손을 꼭 잡았다.

주철이와 세민이의 모습을 보고 혜지가 활짝 웃었다.

피타고라스의 생애와 업적

피타고라스는 기원전 569년경 사모스 섬에서 태어나, 기원전 500년경 이탈이아 남단의 크로톤이라는 섬에서 생을 마감했다고 알려졌습니다.

크로톤에서 학교를 세워 명성을 떨치던 그는 그곳에서 당대 최고 부자이자 역사상 가장 힘이 좋았다는 밀로의 후원을 받게 됩니다. 밀로는 올림픽에 나가 열두 번이나 우승한 운동선수로도 유명하며, 운동뿐만 아니라 철학과 수학에도 관심이 많아서 피타고라스의 후원자를 자청하였습니다. 밀로는 자신의 건물 한 곳을 내주고, 피타고라스가 학교를 설립하도록 도와주었습니다.

이 학교에는 학문에 뜻을 두고 진리를 추구하는 많은 젊은이들이 모여들어 당시 그 숫자가 300명을 넘었으며, 당시 공개 석상에 나올 수 없었던 여자들까지도 강의를 듣도록 허락했다고 합니다. 당대 최고의 운동선수 밀로와 '사모스의 현인'으로 불리는 피타고라스 밑에서 수업을 받는다는 것이 대단히 좋은 기회였기 때문입니다. 여자 제자 가운데 밀로의 딸 테아노가 있었는데, 많은 나이 차이에도 불구하고 피타고라스와 결혼을 하게 됩니다. 테아노는 역사상 기록에 나타난 최초의 여자 수학자로 알려져 있습니다.

그러나 한편으로 피타고라스의 재능을 시기하고 피타고라스가 정치적으로 힘을 키워가는 것을 두려워 한 반대파에 의하여 항상 협박과 위험에 처해 있었고, 결국 그들에 의해 죽임을 당했다고 합니다.

우리에게 잘 알려진 "직각삼각형의 빗변의 제곱은 다른 두 변의 제곱의 합과 같다."는 정리를 피타고라스가 처음으로 정리했다고 하여 '피타고라스 정리'라고 부르게 되었습니다. 피타고라스의 정리는 많은 사람들의 흥미를 끌었고, 오랫동안 많은 나라의 수학자들이 그 증명법을 연구 발전시켜 왔습니다. 피타고라스가 수학에 기여한 공적은 매우 커서, 그의 연구는 플라톤, 유클리드를 거쳐 근대에까지 영향을 미치고 있습니다.